LOS LÍMITES DE LA VIOLENCIA

Lecciones de una vida revolucionaria

Relato de Élan Le Vieux recogido por Ira Chaleff

Traducción al español de la primera edición
por Darío Orlando Fernández

LOS LÍMITES DE LA VIOLENCIA
Lecciones de una vida revolucionaria

Primera edición en español: © 2012, Ira Chaleff – Todos los derechos reservados

Traducción: Darío Orlando Fernández

Verificación y edición: Tamara Galárraga y Paulino Velasco

Ira Chaleff Publications
A Division of Ira Chaleff Consultant
PO Box 663
Front Royal, Virginia, 22630
United States

ISBN-13: 978-1456365417
ISBN-10: 145636541X

Primera edición: © 2006, Ira Chaleff – Todos los derechos reservados
Segunda edición: © 2011, Ira Chaleff – Todos los derechos reservados

Edición digital disponible para Kindle y otros dispositivos
a través de Amazon Kindle Direct Publishing
ASIN: B00KM2RWWU

Web: *www.irachaleff.com*

Original en inglés:

THE LIMITS OF VIOLENCE
Lessons of a Revolutionary Life

1St Edition,
© 2001 Ira Chaleff – All Rights Reserved
ISBN-13: 978-1500258160
ISBN-10: 1500258164
ASIN: B00OYR0FLO

Comentarios
a la versión en español

En la introducción a este libro Élan expresa su deseo de que la obra se traduzca a todos los idiomas bajo los cuales se están desarrollando revoluciones. Nada más amplio que esta consigna. Adentrados en el siglo XXI, observamos que en todo el mundo las cuestiones asociadas a la palabra revolución mantienen vigencia perenne. En muchos casos, las revoluciones continúan manifestándose como enfrentamientos armados entre rebeldes organizados y fuerzas leales al régimen gobernante de un país determinado. En otros, la revolución se internacionaliza, adopta modos nuevos de confrontación y afecta a todos los habitantes de la aldea global. También hay revoluciones en las que los grupos armados tradicionales están ausentes y sin embargo, el pueblo organizado logra conmover a las estructuras sociales, políticas y económicas.

El mundo de habla hispana no es una excepción a esta realidad. Con frecuencia los titulares se tiñen con sangre en España y Colombia. Venezuela y Ecuador caminaron sobre la cornisa de la guerra civil. Manifestaciones sociales, con su saldo de muertos, derrocaron gobiernos en Argentina y Bolivia. El futuro de Cuba permanece incierto. En México persiste el grito de "¡Basta ya!" La corrupción y la pobreza estructural, presentes por doquier, sublevan el espíritu de los pueblos y les tientan a buscar soluciones drásticas.

Este libro no juzga las causas específicas de cada revolución en particular. Tampoco hace propaganda a favor de ideología política alguna. Bajo la premisa de que todo pueblo tiene derecho a oponerse a un régimen opresor, centra el foco sobre los métodos violentos de la lucha revolucionaria: su validez, sus consecuencias y sus límites.

En algún sitio de Estados Unidos de Norteamérica, Ira Chaleff recogió los pensamientos y memorias de Élan Le Vieux o el Viejo Élan. Este personaje aparece como un revolucionario nacido a fines del siglo XIX, posiblemente en algún lugar de la ex Unión Soviética, quizá Rusia o Ucrania. Por lo tanto, el manuscrito original en inglés presenta una mezcla de culturas marcadamente diferentes. La traducción del libro al idioma español representó un desafío enorme. Por un lado, debía servir al último deseo de Élan de dejar un humilde legado a los revolucionarios del siglo XXI y venideros. Por otra parte, no podía desconocer los aportes de la pluma norteamericana, fueran estos intencionales o casuales.

Los hispanoamericanos en general no sentimos mayor atracción por libros titulados 'Cómo ser un profesional exitoso' o 'Cómo alcanzar la felicidad' y otros por el estilo. En cambio, el lector norteamericano medio acepta con entusiasmo a estos manuales de autoayuda pues le resultan muy prácticos y se acomodan bien a la dinámica de sus vidas. El mismo subtítulo de la obra demuestra que Chaleff no pudo ni quiso evitar que este libro fuese un compendio de lecciones para llevar a cabo una revolución exitosa. Sin embargo, tampoco pudo ni pretendió impedir que el libro trasluciera una esencia más profunda. Los latinoamericanos estamos acostumbrados a leer entre líneas y a jugar con los pensamientos mientras deleitamos nuestra naturaleza indócil. Más allá de su título, en «Los límites de la Violencia: Lecciones de una vida revolucionaria», hallaremos elementos catalizadores que dispararán ideas nuevas acerca de la concepción, desarrollo y preservación de los valores de una revolución.

En la versión traducida al español nos permitimos moderar el carácter del excepcionalismo norteamericano y exacerbamos la irreverencia con la cual Chaleff se refiere a su propio imperio. En la medida de lo posible, conservamos la manera de hablar de Élan, con sus frases cortas y reiteraciones. También incluimos notas a pié de página cada vez que surgieron referencias a asuntos que podían resultar ajenos a nuestra cultura o poco conocidos. Mediante esta puesta en escena, familiar para el lector de habla hispana, creemos haber reflejado con justicia la intención de los creadores de esta obra original.

Darío Orlando Fernández, 2006

Prólogo
de Ira Chaleff

En todos sus aspectos importantes, el manuscrito de este libro se concluyó antes del 11 de septiembre de 2001, un día en que el mundo cambió. Como norteamericano, me pregunté si aún era justo seguir apoyando un proyecto que expresaba simpatía por los revolucionarios. Luego de analizar la cuestión durante algún tiempo, decidí seguir adelante con el proyecto y publicar el libro. No obstante, me siento obligado a explicar por qué.

Yo no compartía plenamente los puntos de vista de Élan. ¿Por qué habría de hacerlo? Su vida, como se verá, fue muy diferente a la mía. Élan vivió en momentos y lugares en los que no se tenía el privilegio de coincidir o disentir con los acontecimientos. Los hechos eran inapelables y constituían la vida misma de cada individuo.

Hasta cierto punto y muy a mi pesar, sucesos como el ocurrido aquel fatídico 11 de septiembre también han pasado a formar parte de mi vida. Esto me obliga a remarcar las diferencias que pueden y deben hacerse entre los movimientos revolucionarios y los actos de terrorismo. Necesito ser absolutamente claro acerca de mi posición.

Resulta loable y hasta puede considerarse como un deber moral, resistir y pretender cambiar por cualquier medio los regímenes que brutalizan a sus ciudadanos y suprimen toda oposición legítima. Esta es la cuestión central planteada por los fundadores de los Estados Unidos de Norteamérica en su Declaración de Independencia[1]. En contraste, el uso del terror contra la población civil de una nación, independientemente

---

[1] **Declaración de Independencia de los Estados Unidos de Norteamérica** (párrafo segundo): "Sostenemos como evidentes estas verdades: que todos los hombres son creados iguales; que son dotados por su Creador de ciertos derechos inalienables; que entre éstos están la vida, la libertad y la búsqueda de la felicidad; que para garantizar estos derechos se instituyen entre los hombres los gobiernos, que derivan sus poderes legítimos del consentimiento de los gobernados; que cuando quiera que una forma de gobierno se haga destructora de estos principios, el pueblo tiene el derecho a reformarla o abolirla e instituir un nuevo gobierno que se funde en dichos principios, y a organizar sus poderes en la forma que a su juicio ofrecerá las mayores probabilidades de alcanzar su seguridad y felicidad."

de su posición ante el gobierno de turno, es un acto de desprecio depravado ante el sufrimiento humano o uno de desesperación extrema que corroe el sustento moral que los ejecutores asignan a su causa. Nada en este libro absuelve a la depravación, todo la condena. Todo en este libro pretende preservar la validez moral de los esfuerzos legítimos realizados para derrocar a la opresión.

Lo que me trajo originalmente hacia este proyecto fue mi fuerte rechazo a las tácticas aplicadas por los rebeldes de Sierra Leona en los noventa. ¡Que alguien pudiera amputar los brazos y piernas de niños en nombre de una causa me dejó emocionalmente consternado y moralmente indignado! Me sentí obligado a responder y comencé a buscar una manera efectiva de hacerlo. Este ímpetu inicial dio origen a un interrogante más profundo y crucial: ¿por qué tan a menudo los movimientos revolucionarios resultan tanto o incluso más opresivos que los regímenes a los que pretenden reemplazar?

Agradezco la aparición de Élan en mi vida y el haberme beneficiado con sus reflexiones acerca de la revolución. Élan cristalizó y articuló muchos de los sentimientos que yo estaba experimentando. El objetivo de Élan era colaborar con las generaciones futuras de revolucionarios para que pudieran crear una vida mejor para sus compatriotas, aprendiendo de los éxitos y fracasos de los movimientos en los cuales estuvo involucrado. Aun cuando en mi juventud compartí muchos de los ideales de Élan, luego los resigné a cambio de objetivos de vida más pragmáticos. El pragmatismo tiene sus recompensas pero deja un vacío en la sensación personal de compromiso social. La oportunidad de poder ayudar a Élan en su proyecto me resultaba inmensamente atractiva y acompañaba paralelamente a mi imperativo personal de responder al horror de Sierra Leona. Los sucesos del 11 de septiembre hacen que esto resulte todavía más cierto.

Como sucede con todos nosotros, las opiniones de Élan están influenciadas profundamente por las experiencias de su generación y centuria. Ambas pertenecen al pasado. Los revolucionarios de comienzos del siglo XXI y venideros podrán decir que los puntos de referencia de Élan y las presunciones que emergen de los mismos están fuera de época. Me parece bien que así sea. Esto demuestra que la humanidad está evolucionando. Mientras escribía este libro, los Zapatistas en México planteaban nuevos modelos revolucionarios que evitaban inherentemente caer en los errores indicados por Élan. No obstante, su éxito en la creación de un nuevo orden resultó limitado. Diez años más tarde, la fuerza de las redes sociales de Internet parece facilitar el surgimiento de revoluciones con un mínimo de violencia. Sin embargo, los regímenes instalados no siempre demuestran ser un buen hospedaje para el tremendo poder alcanzado. Creo que muchas de las lecciones que Élan aprendió, en cuanto a la transmutación saludable o enfermiza del poder en una revolución, pueden aplicarse a las nuevas estructuras revolucionarias. Quienes están comprometidos en el derrocamiento de la opresión necesitan prestar atención a las experiencias y consejos de Élan si es que pretenden prevalecer y ser mejores custodios de la justicia que los regímenes que se afanan por reemplazar.

Reproduje las palabras de Élan de la manera más fidedigna posible. En ocasiones, hacer esto fue difícil pues las ideas le brotaban como chorros de un manantial artesiano. Puse mi mejor esfuerzo en ordenar sus ideas. Usted observará que he presentado en letra cursiva las historias y poemas que Élan relató para distinguirlos de lo que decía a modo de ensayo para sus camaradas revolucionarios.

En los años durante los que trabajé en este proyecto, Élan encontró un lugar en mi conciencia donde residió como maestro y guía. Su voz me acompañaba mientras atendía mi quehacer diario. A lo largo de nuestras charlas, quedé profundamente impresionando por el respeto que Élan profesaba hacia los revolucionarios genuinos. Espero que mis esfuerzos por encauzar sus pensamientos resulten útiles para aquellos comprometidos en la recreación del mundo.

Estoy muy agradecido con los miembros del equipo de traducción que permitieron traer las palabras de Élan al mundo de habla hispana, un escenario donde la cuestión de cómo lograr sociedades más justas ha sido tan importante durante tanto tiempo. Ellos han demostrado una inmensa pasión por este proyecto. Expreso mi más afectuoso reconocimiento al traductor principal, Darío Orlando Fernández, como así también al equipo de edición y verificación compuesto por Paulino Velasco y Tamara Galárraga.

Ira Chaleff, 2006

Índice

Índice

INTRODUCCIÓN

Sólo he de revelarle mi nombre de guerra: Élan. Ahora me llaman Élan Le Vieux o el Viejo Élan. Soy un hombre muy mayor que ha vivido más de un siglo. Debo tener ciento dos o ciento cuatro años. Cuando nací, los certificados de nacimiento no eran documentos tan rigurosos como lo son ahora. Siempre se podía sobornar al escribiente local para que emitiese certificados alterados con diferentes propósitos: para comprobar que uno provenía de tal o cual región; para demostrar que se era mayor o menor a fin de evadir la conscripción al ejército o para esconder un origen racial o tribal que podría ser una barrera en el progreso personal. He tenido varios certificados de nacimiento. También algunos pasaportes. Por lo tanto, resulta difícil saber exactamente qué edad tengo.

Lo indudable es que he vivido por mucho tiempo y que he presenciado gran parte de las conmociones del siglo pasado. ¡Y vaya que hubo mucho para ver! Me las arreglé para caminar alrededor del mundo y hallar qué hacer en los lugares de conflicto más calientes. Festejé arrojando mi sombrero a la arena cada vez que observé el desarrollo de un buen combate. Siempre me complací brindando una mano a los más débiles si éstos tenían oportunidad de derrotar al opresor. Aborrezco a matones y bravucones. También hay un buen número de ellos por allí.

No develaré en qué batallas estuve involucrado. Al menos no por ahora. Usted quizá discrepe ideológicamente conmigo y no quiero despertar su animosidad por cuestiones que ya son historia. Deseo que antes llegue a conocerme un poco mejor. Recién entonces relataré algo más acerca de dónde he estado y de lo que opino sobre tal o cual revolución. Primero quiero demostrarle que tengo algunas cosas útiles para decir. Supongo entonces que si voy a decirlas, es mejor que comience ahora mismo. Ningún certificado de nacimiento falso me mantendrá vivo más allá de mi hora. No me importa cual sea su ideología. Si usted cree profundamente en ella, presumo que hallará utilidad en algunas de las cuestiones que he aprendido.

Permítame ser claro. No solamente estoy escribiendo un libro acerca de la revolución, también estoy escribiéndoles a los revolucionarios. Nadie, excepto otro revolucionario político, escribe libros para revolucionarios aunque sería bueno que algún no-revolucionario también lo hiciera. Los revolucionarios son parte de las personas más trascendentes del mundo. Si tienen éxito, transforman sus sociedades para bien o para mal. Si fracasan, continúan luchando por años, a veces por generaciones, pues esa es su naturaleza. Salvo que resulten exterminados o aplacados, los revolucionarios seguirán combatiendo abierta o secretamente. De acuerdo a cómo elijan conducir la batalla, ennoblecerán o degradarán a su pueblo y se apaciguará o se exacerbará el sufrimiento que hizo necesaria la revolución. Es por esta razón que me dirijo a usted. Espero que sea paciente y que acepte el legado de este anciano.

A veces pienso que al leerme usted dirá que pretendo engañarlo, que no soy un revolucionario. En parte, tendrá razón. Me he vuelto viejo y en muchos aspectos blando. Pero eso no significa que haya sido menos revolucionario que usted cuando tenía veinte o treinta años e incluso cincuenta. Recuerdo los tiempos en que la revolución quemaba en mi interior como un carbón ardiente ¡El sueño de un nuevo mundo! Pero no, no sólo un sueño sino la certeza absoluta de que lo haríamos realidad y que nuestro método era el único camino para lograrlo. Este fuego se encuentra ahora en su corazón. Eso es bueno. La llama siempre debe estar en el corazón de alguien si es que el mundo ha de ser alguna vez un sitio justo. Quizá sienta curiosidad acerca de por qué el fuego ya no arde tan fuerte en mi interior. Si tiene buena suerte, usted también vivirá más allá de los treinta, los cincuenta o los setenta. Si para entonces comprendió por qué se enfrió la llama en mi corazón, quizá sea capaz de mantener el fuego en el suyo tan brillante y vivaz como lo está ahora. Si prosigue leyendo, esa es la historia que hallará en esta obra. Permítame ahora dirigirme por un momento a quienes accedieron a este libro por curiosidad, que quizá no son revolucionarios o que están indecisos en cuanto a sus inclinaciones hacia la revolución.

Los revolucionarios son gente temible. Amenazan a quienes guardan el orden al que ellos desafían. Atemorizan a aquellos que viven en ese orden aun cuando sean víctimas del mismo. También estremecen a quienes no están en escenarios revolucionarios y contemplan la acción desde la seguridad y comodidad de sus hogares.

Por lo tanto, salvo que uno se declare como tal, no es bien visto hablar del revolucionario con comprensión o simpatía. Ha pasado mucho tiempo desde que sostuve un arma por última vez. Ahora vivo con personas que no son revolucionarias y a quienes de nada sirven las revoluciones. Más adelante relataré cómo esto vino a suceder. Mientras tanto, los pocos amigos que me quedan probablemente me condenen por hablar con afición acerca de los revolucionarios, pareciendo aprobar la violencia de sus métodos. Sin embargo, ¿por qué ha de importarle el juicio de otros hombres a un viejo como yo? La verdad es más importante que la reputación. La reputación se recompondrá eventualmente. Incluso cuando uno yazca en la tumba.

Pienso que es necesario que las personas comprendan y respeten el lugar que le corresponde al revolucionario a pesar de temer y condenar los métodos que éste elige. ¡Incluso pueden deplorar el fin buscado por el revolucionario pero aun así deben respetarle! ¿Por qué razón? Porque más allá de que los propósitos resulten aceptables o no, los revolucionarios son la respuesta a condiciones de vida que los individuos y grupos compasivos tienen el deber de condenar. Por lo menos el revolucionario actúa mientras que otros se sientan cómodamente alrededor del escenario haciendo poco o nada.

Admitiré ante usted y mis amigos revolucionarios que he llegado a repugnar la violencia. He visto mucha violencia, demasiado de ella y en su totalidad ha contribuido en muy poco al bien común. Pero al mismo tiempo, si el revolucionario se opone a un régimen que utiliza la violencia y la tortura para reprimir al pueblo, entonces apoyo definitivamente sus fines y no puedo condenar sus métodos.

También expreso ante mis camaradas revolucionarios que, como ha sucedido tan a menudo, temo que los métodos violentos sólo reemplacen y perpetúen esa misma violencia a la que la revolución se opone. Cada vez que esto ocurre, se traiciona al revolucionario que dio su sangre, su vida o su familia por la gran causa. Quiero enfáticamente llamar su atención sobre este peligro pues usted no merece ser traicionado y tampoco debe ser cómplice de esta traición.

También deseo dirigirme a quienes temen a los revolucionarios, a aquellos que los condenan y los desprecian antes de comprender su causa y la legitimidad de sus objetivos. En mi vida he vivido en muchos lugares. Desde hace algún tiempo vivo en Norteamérica. Dada mi historia, jamás imaginé que sería aquí donde probablemente he de morir. No me menosprecie por esta razón. Usted comprenderá cuando le haya relatado más acerca de mi pasado. Por ahora sólo acepte el hecho de que estoy aquí, en el lugar que mis viejos camaradas denominaban el "reino de la codicia".

Yo prefiero denominar a Norteamérica como la tierra de las contradicciones. Desde una edad temprana, los norteamericanos aprenden a reverenciar a su primer presidente, Jorge Washington, como el Padre de la Patria. Aunque saben que Washington fue un líder revolucionario —precisamente el general de un ejército revolucionario—, de algún modo borran esto de sus mentes. No piensan en él como un revolucionario sanguinario. Le observan montado sobre un caballo, congelándose en el Valle del Forge o cruzando el río Delaware en un bote. No le ven conduciendo a sus hombres hacia la batalla en contra de un gobierno al que se oponían por la fuerza, ni el fogonazo de los mosquetes, ni los orificios en el pecho de los combatientes. Sin embargo, Norteamérica nació precisamente en medio de este tipo de guerra revolucionaria.

Los norteamericanos —gente de escasa memoria—, aman a su Declaración de Independencia pero se olvidan de que, ante los ojos del gobierno de aquel entonces, sus firmantes estaban cometiendo traición. Reverencian a Tomás Jefferson como el filósofo de su revolución pero se olvidan de que, después de lograda la victoria, Jefferson continuó aconsejando que de tanto en tanto un poco de rebelión era saludable. Jefferson sostenía que los gobiernos no debían reprimir la rebelión con demasiada dureza. Por ello, un axioma de la Declaración de Independencia de los Estados Unidos de Norteamérica sostiene que el gobierno debe servir al pueblo y que cuando no lo hace, cuando se vuelve opresivo, el pueblo tiene el inalienable derecho a rebelarse.

Este es un aspecto de Norteamérica que me enferma. Hay otros. Pero esta cuestión es la que más indispone a mi corazón. Entre todos los pueblos, los norteamericanos son quienes deberían haber comprendido mejor el preciado derecho a luchar contra los opresores. En cambio, se olvidan de esto. En mis tiempos se parapetaban detrás de la United Fruit cuando deberían haberse alineado junto a los valientes paladines de la libertad en todas partes de Suramérica y Centroamérica. Prefirieron los intereses económicos por encima de la justicia. Esta es la contradicción existente en el corazón del ideal norteamericano. Incluso obstaculizaron a los adalides de la libertad en lugares donde no mantenían intereses vitales. ¡Qué ironía! Debido a su codicia y por temor a su enemigo global, empujaron a las mejores mentes políticas y corazones del siglo hacia los brazos de sus rivales y nunca comprendieron lo que estaban haciendo. No existía otro lugar a dónde ir. ¡Norteamérica desconoció a sus hijos legítimos!

¿Fue la norteamericana la única revolución buena? Puede ser que los norteamericanos crean eso pero usted y yo sabemos que no fue así. Ha habido muchos esfuerzos revolucionarios dignos contra regímenes incomparablemente peores al impuesto por los británicos sobre sus colonias americanas. He visto a unos cuantos en mi época. He conocido, incluso llegaré tan lejos como a decir que he amado, a muchos hombres y mujeres buenos que perdieron sus vidas combatiendo a opresores brutales y asesinos organizados. Pero también he visto revoluciones que equivocaron el camino, haciendo más mal que bien. Eso es parte de lo que la gente teme. Después de vivir un siglo, uno aprende algunas cosas que pueden modificar esta situación. Quiero escribirle acerca de estos asuntos. Es importante que usted los conozca si es que pretende tener éxito. Es por eso que debe leer este libro y continuar leyéndolo aun cuando en ocasiones piense que me he vuelto blando.

Algunos han dicho que el progreso lo realizan un pequeño número de personas con un ideal al cual dedican sus vidas. Los revolucionarios van más lejos pues están dispuestos a perder sus vidas por dicho ideal. Por lo tanto, resulta más importante que unos pocos revolucionarios reflexionen sobre los temas tratados de este libro a que así lo hagan millares de no-revolucionarios.

El revolucionario genuino pensará profundamente acerca de estas cuestiones, lidiará con ellas para determinar si sirven a los ideales revolucionarios o si son insidiosamente contrarrevolucionarias. Él y a veces ella —si logra que los machos le escuchen— discutirá estos temas con sus camaradas hasta muy entrada la noche. Debatirán sobre estas ideas. Resultará importante decidir si las incorporan a su ideario revolucionario o si las rechazan. El revolucionario genuino actuará con valerosa determinación en la divulgación de estos pensamientos dentro de la comunidad revolucionaria cuando considere que contienen valores que protegen la legitimidad de la revolución.

Si usted es uno de estos individuos, no tengo duda que a veces encontrará una resistencia feroz. Las ideas en este libro no están bien escritas. Demoré mucho tiempo en hacerlo. Ahora mi pensamiento no es claro y me repito en demasía. La verdad es que estas ideas amenazan el poder de los líderes autoritarios, tanto si estos pertenecen al régimen o a la revolución. Hablar de las ideas contenidas en este libro demandará coraje. Tanto si usted es un revolucionario activo o uno contemplativo que brinda apoyo a un grupo revolucionario, resulta vital que descubra si la dirigencia puede tolerar un diálogo revolucionario honesto que le ayude a tomar decisiones importantes. Una cosa es pensar apasionadamente, discutir enfáticamente, actuar decididamente y exigir lealtad una vez que se toman decisiones. Suprimir las opiniones en disenso es algo completamente diferente. Es un signo de paranoia, de la incapacidad para compartir el poder con otros. ¿De qué se trata una revolución sino de la distribución equitativa del poder? Si la conducción de la revolución es paranoica, lo será aún más cuando alcance la victoria.

Por más impensable que le parezca, un liderazgo que no tolere el disenso usará el poder adquirido en maneras que traicionarán a la revolución. Es casi imposible que usted se permita imaginar esta traición cuando está dando todo lo que posee en apoyo a un movimiento y a su dirigencia. Aun así, lea la historia. Los líderes revolucionarios han traicionado a su propia revolución con lamentable frecuencia. ¿Por qué un militante revolucionario ha de entregar cinco, diez o veinte años de su vida en favor de algo así? Es mucho mejor descubrirlo al comienzo, comprobar ahora si usted está apoyando a una revolución genuina o meramente a una sustitución de tiranías. Es preferible actuar hoy para influenciar el carácter de la revolución o abandonarla si no está dirigida en pos de mayor justicia y dignidad humana. Por otra parte, si usted es el líder, será mucho mejor que aprenda tempranamente a inmunizarse contra el abuso de poder, esa enfermedad terrible a la que están expuestos todos los líderes. Si no lo hace, se arriesga a que la historia termine ubicándole en la galería de rufianes que usted, joven idealista revolucionario, tanto detesta.

Ojala yo hubiera aprendido todo esto cuando aún era joven. Morir por la revolución es una posibilidad muy concreta que se acepta al sumarse a ella. Como suele decirse, forma parte del trabajo. Algo muy diferente es servir a la revolución tan sólo para despertar veinte años más tarde y descubrir que uno dio la vida por algo que no valía la pena, por algo que ahora se debe rechazar. Sentirse tan estúpido, aunque uno no haya sido realmente estúpido, es un momento terrible de nuestra vida.

Esta decepción la han sufrido miles de revolucionarios y produce una pena inmensa y profunda. Resulta importante entender cómo algo así puede suceder y cómo puede evitarse que a uno le ocurra lo mismo. Acerca de esto le estoy escribiendo. Cómo ser garante de una revolución verdadera y valiosa. Entiéndalo bien o podrá concluir erróneamente que no tengo nada para ofrecerle. Usted ya tiene una ideología, una estrategia y modelos revolucionarios. Yo no soy un gran pensador. No pretendo competir con los ideólogos ni proponerle un proyecto mejor. Lo que le ofrezco es un modo para evitar que su proyecto personal no termine en una decepción. Para que la estructura que construya se constituya en un edificio nuevo y no en una burocracia infiltrada y corrupta o aún peor, en una prisión.

En el mundo siempre hay más seres conservadores que revolucionarios. La relación es quizá de diez mil a uno. Los conservadores pueden aprender de los revolucionarios muchas cosas que serían buenas para el mundo. Hay quienes considerarán que este libro es una metáfora dirigida a no-revolucionarios para que se modernicen e introduzcan cambios en sus organizaciones o ámbitos profesionales. He vivido en Norteamérica por algún tiempo y puedo asegurar que los norteamericanos son muy buenos escribiendo este tipo de metáforas. Venden libros de administración presentándolos como los secretos para el éxito de tal o cual personaje histórico. Como ejemplo cabe citar a Genghis Khan, Abraham Lincoln, el General Patton, Gandhi, Maquiavelo y Cristo entre otros. ¡Tremendo revoltijo! Al observar a la dirigencia norteamericana, quedé fascinado ante su capacidad para producir tanta riqueza. He visto que los gerentes pueden ser agentes de cambio pero difícilmente sean revolucionarios. Los gerentes siempre actúan dentro del sistema imperante.

Sin embargo, supongo que los gerentes también pueden aprender algo de este libro. Al igual que los revolucionarios, ellos a menudo cometen excesos y luego justifican racionalmente sus actos. Sus palabras suenan vacías e hipócritas al despedir de su empleo a diez mil personas diciendo que lo hacen para mejorar el servicio al cliente global cuando en realidad nadie cree en semejante basura.

Este libro no es una metáfora. Está escrito para revolucionarios políticos genuinos y para aquellos que consideran seguir la dura senda de la actividad revolucionaria. Los riesgos para los revolucionarios son infinitamente superiores a los asumidos por cualquier gerente. No obstante, al igual que con un gerente, las palabras de los líderes revolucionarios a veces resultan vacías al decir que sirven al pueblo cuando en realidad sólo actúan para consolidar su poder personal.

He escrito este libro para darle la oportunidad de reflexionar acerca de su revolución. No lo hice para revisar su ideología, sobre la cual usted está seguro de haber meditado suficientemente, sino para que recapacite acerca de los valores que determinan cómo conducir la revolución. Cuando se tiene poco para comer o vestir, cuando no se ve a la familia por meses o años, cuando nos agobia la persecución y la desesperanza, cuando se nos reprime ante cada intento de encender un fuego libertario, normalmente no contamos con el tiempo ni el estado de ánimo para reflexionar sobre los valores y conductas, su coherencia o contradicción. Sin embargo, una gran revolución genuina así lo exige. La revolución lo demanda de sus revolucionarios y los revolucionarios lo demandan de sus líderes.

Usted verá que el libro es una serie de ensayos muy cortos entrelazados con historias, poemas y algunas memorias. Escribir historias y poemas me sirvió durante años como motivación para generar algún legado antes de morir.

Es mi deseo, incluso quizás sea mi último deseo, que el libro se traduzca a todos los idiomas bajo los cuales se están desarrollando revoluciones. Permitan que el revolucionario veterano, el neófito, el recluta potencial y el crítico, puedan beneficiarse después de haber lidiado con estas ideas.

Élan, 2000

PREFACIO:
¿Qué es la revolución?

No se equivoque, gran parte del progreso humano no es revolucionario sino evolutivo. La gran fuerza impulsora de la cultura depende de la estabilidad de un contexto pacífico que facilite la acumulación de conocimientos, recursos y riquezas. Mire a su alrededor y verá esto por doquier. Ignore por un momento la injusta distribución de los bienes o la banalidad con la que se utilizan. Sólo observe la profundidad y complejidad de la cultura que le rodea y reconocerá que ha sido aprendida, desarrollada y refinada durante siglos.

Es un grave error suponer que una cultura alcanza su riqueza por el sólo hecho de existir. No se pueden pasar por alto los cientos de artes y profesiones, las decenas de miles de artesanos, las innumerables sociedades profesionales, las instituciones de enseñanza, las leyes y costumbres que hacen posible esta riqueza. Esta presunción errónea lleva a que las guerras civiles sean tan destructivas pues ellas arrasan los frutos de siglos de cultura y dejan empobrecidos a los países en los que se producen. Por la misma causa, las purgas revolucionarias son devastadoras ya que debilitan a las fuentes de saber de una cultura. Los períodos prolongados de progreso evolucionista son necesarios y deseables aun cuando sean imperfectos y no equitativos. Lamento si no quiere escuchar esto pero así es como son las cosas.

Sin embargo, periódicamente una sociedad llega a un punto de agotamiento si no se produce en ella un cambio revolucionario, sea éste de índole científico, social o político. Cuando se cae en la rutina, la sociedad se torna conservadora, resistente al cambio y a la incorporación de ideas progresistas. También se niega a incluir a las clases sociales postergadas y a cobijar en su seno a un mayor número de personas. Se rehúsa a revisar lo importante.

En tales situaciones, la civilización resurge y se reimpulsa gracias a aquellos que pueden pensar y actuar por fuera de las formas reinantes de pensamiento y acción. La civilización revive por obra de quienes desean cambiar el curso de los hechos, exponiéndose a un gran riesgo personal en caso de fracasar o adelantarse a su tiempo. Los líderes revolucionarios y el escaso número de personas que les apoyan en los albores de su epopeya revolucionaria producen enormes cambios, fuera de toda proporción con su número. Ellos están siguiendo a Arquímedes, encontrando un lugar donde erguirse y usando una palanca suficientemente grande como para mover al mundo.

Nosotros estamos interesados particularmente en la revolución política aunque a veces creo que la revolución científica nos supera en la generación de los grandes cambios que ha vivido la humanidad. Confesaré que me incomoda pensar que los ingenieros materialistas que inventan una luz eléctrica, una radio o una computadora, pueden tener mayor efecto real sobre el hombre que los brillantes pensadores sociales que he conocido a lo largo de mi vida.

De cualquier modo, mantengo mi interés por los movimientos sociales y políticos. Leo diarios en tres o cuatro idiomas todos los días, según los que puedo conseguir. Mientras leo acerca del mundo, agradecido porque mis ojos están aún suficientemente sanos como para hacerlo —aunque los lentes de mis gafas son tan gruesos como los de un telescopio—, me impresiono ante la cantidad de movimientos rebeldes que hay en cada continente y por el número de ellos que se encuentran armados. Todos se autodenominan grupos revolucionarios pero yo me pregunto: ¿cuántos de ellos lo son realmente?

Esto nos introduce a una discusión filosófica acerca de qué es una revolución. No quiero demorarme demasiado debatiendo al respecto. Comenté antes que ya no comulgo con los fundamentos de ideología política alguna. Esos días han pasado. Lo que ahora sostengo es un principio subyacente: una revolución política o social debe, de algún modo, liberar al pueblo de alguna forma de opresión. Es decir, debe ser un paso social cualitativamente superior y benéfico.

Si aceptamos esta premisa, derrocar al poder opresor es, en el mejor de los casos, tan sólo un tercio de la medida del éxito. Otro tercio es reemplazarlo por un nuevo orden, menos opresivo, que permita al pueblo participar de su propio gobierno. El tercio final es hacer una tarea mejor que la del viejo sistema, brindando satisfacción a las necesidades y demandas legítimas del pueblo en cuyo nombre se concibió la revolución.

Hoy vemos un ejemplo de esto en Sudáfrica. El mundo se regocijó ante el triunfo de la revolución contra el Apartheid y lo hace nuevamente al comprobar que, hasta la fecha, el viejo orden fue reemplazado por uno más justo y abierto, si bien aún imperfecto. Ahora los sudafricanos y el mundo esperan ver si el nuevo orden puede trastocar los desastrosos efectos económicos estructurales producidos tras décadas de Apartheid. La magnitud de este cambio será la medida final del éxito.

Medir el éxito de una revolución sólo en términos macroeconómicos es un exceso de simplificación. Esta medición no toma en cuenta que siempre hay más de un grupo involucrado en el resultado de una revolución. Invariablemente existía un grupo que estaba en el poder oprimiendo de algún modo a otros grupos que no tenían tanto poder. ¿Cuál es la responsabilidad de una revolución hacia el grupo al que depone del poder? ¿Y cuál hacia los grupos victoriosos que ahora compiten por el mismo?

Claramente, en cuanto a algunas cosas, el grupo depuesto poseerá menos de lo que tenía antes. Puede tener menos poder político, económico o cultural. No hay modo de que logre preservar todo el poder que tenía en relación con los grupos que llevaron a cabo una revolución exitosa. No obstante, si el grupo depuesto pasa a estar tan oprimido como lo estaban antes los grupos victoriosos, la revolución habrá ocurrido sólo en sentido estrecho y no en sentido amplio.

Con seguridad usted puede decir que la revolución ha ocurrido. Lo que una vez estuvo en la cima está ahora en el fondo y viceversa. El palo ya no está en la rueda. La rueda ha dado medio giro. Sin embargo, desde mi perspectiva, en una revolución genuina la rueda no se mueve media vuelta y se clava otra vez trasponiendo la cabeza y los pies. En una revolución verdadera la rueda gira libremente otorgando continuamente a todos los rayos la oportunidad de llegar arriba.

Esto requiere un nuevo modo de pensar y comportarse por parte de los revolucionarios victoriosos. Ellos no pueden transformarse simplemente en la nueva clase dominante. Deben convertirse en algo diferente. Deben ser la fuerza que mantiene la rueda girando para que no existan superiores ni inferiores y de modo tal que todos los grupos tengan una cuota de poder. Mediante este estado dinámico, ellos reducirán la opresión sobre todos los grupos y la amenaza de una contrarrevolución.

Si una raza estaba en lo alto, ahora ambas razas tienen una oportunidad de vivir con alguna dignidad. Si una tribu estaba en la cima, ahora todas tienen una oportunidad de progreso. Si el secularismo reinaba, ahora la religiosidad puede florecer honrando a todos los credos. Si los ricos vivían sobre las espaldas de los oprimidos, todavía pueden vivir decentemente aunque los pobres ya no permanezcan sumergidos en el fango.

Me doy cuenta de que esto está comenzando a parecerse a un cuento de hadas. Yo no creo que las revoluciones estén vedadas a tener finales felices. Mi parecer es que una revolución genuina no intercambia los roles de opresor y oprimido sino que se comporta de un modo diferente. Su propósito es reducir la opresión en sentido amplio. Esto no es aspirar a mucho. Tampoco es demasiado pedir que este objetivo se incorpore a la definición efectiva de revolución.

No, no es demasiado pedir. Sin embargo impone un desafío enorme. Los revolucionarios son gente desesperada. La desesperación es una de las fuentes de su poder. Por regla general, ellos tienen poco o nada que perder. Ocasionalmente vemos esta regla quebrantada por individuos excepcionales que tienen todo para perder pero que de todos modos conducen o apoyan a la revolución simplemente porque consideran que eso es lo que deben hacer. Entonces, ellos también se desesperan pues han quemado sus naves de retorno y ya no tienen vuelta atrás salvo a la prisión o al pelotón de fusilamiento. La desesperación es también la fuente de los excesos de una revolución y la justificación para acciones inexcusables. La desesperación es el suelo sobre el cual germinan los actos imperdonables y en el que los mismos se niegan y sepultan.

La gran tarea del revolucionario es preservar los valores de la dignidad humana que dieron lugar a la revolución aun a pesar del riesgo de fracasar y perder la vida. Este es un modo de existencia cuya exigencia es casi insoportable para cualquier ser humano. Es el ejemplo por el cual las iglesias premian con la santidad. No obstante, es el modelo al que un revolucionario debe aspirar para evitar traicionar a la revolución.

Hay quienes dicen que la verdadera revolución debe ocurrir en el interior de uno mismo antes de que pueda suceder en el mundo exterior. Si bien esto de por sí resulta insuficiente para generar una revolución, yo también llego a la conclusión de que es verdad. Si nos incorporamos a la revolución pensando solamente en modelos de fuerza y opresión, nos arriesgamos a caer nuevamente en ellos cuando entremos en acción. Estos modelos se marcan a fuego en nuestras mentes. ¿Cómo podríamos evitar reincidir en ellos?

Necesitamos encontrar mejores modelos o bien, si no los hallamos, de algún modo debemos convertirnos nosotros mismos en modelos ejemplares. Esta es la tarea heroica, la marca o distintivo de una revolución. El Che se esforzó para ser un buen modelo. Algunas veces reincidía en la crueldad usada por los opresores pero creo que lo hacía debido al gran temor a perder todo lo que se había logrado. Una vez que ganó un poco más de confianza en cuanto a que la Revolución Cubana sobreviviría, dio muchas señales de respeto hacia aquellos por quienes luchó y aun hacia quienes eran parte del viejo régimen cuando éstos no amenazaban al nuevo orden.

Mandela es el mejor modelo. Usó la violencia sin convertirse a la misma. Utilizó las armas sólo mientras fueron la herramienta necesaria y las abandonó en cuanto resultaron superfluas. Al transformar su ira (la revolución interna) y trocar oportunamente el fusil por el voto y la gestión de gobierno, otorgó a su país la mejor oportunidad para una revolución exitosa, con el significado que expliqué anteriormente y que espero usted comparta conmigo. Cualesquiera sean los modelos en los que Mandela se inspiró, él se convirtió para otros en un modelo ejemplar.

He mostrado mis cartas. Usted ya puede ver las tendencias de mi filosofía política. Si bien coincido con muchos pensadores revolucionarios en cuanto a que el contexto histórico es el que determina el sino de una revolución, también sostengo que son los individuos y sus acciones los que hacen la diferencia entre el éxito o el fracaso de la misma. Usted es ese individuo.

PRELUDIO:
Mi vida

Antes de proseguir, permítame contarle un poco con relación a mí mismo. Usted me está escuchando predicar y por lo tanto merece saber algo acerca del predicador.

No seré tan abierto como usted podría desear. Después de tantos años de esconderme, de disfrazar mi identidad y de cambiar mis papeles, no me siento muy cómodo siendo muy específico acerca de mi persona. Es demasiado tarde para modificar esta actitud.

Quizás, si alguien se sentase conmigo durante días con una grabadora y me hiciera muchas preguntas, las piezas aparecerían y podrían unirse. Pero yo no soy un personaje importante y nadie se molestará en escribir mi biografía. Soy afortunado al contar con este joven que escucha lo que tengo que decir y que me ayuda a escribir mis pensamientos en un orden comprensible. Esta oportunidad ya es suficientemente buena para mí.

Fui testigo de muchos acontecimientos trascendentes de mi siglo, un siglo que ya pasó. Conocí a muchas personas importantes que dieron forma a tales sucesos. A algunos les llegué a tratar muy bien, a otros un poco y de muchos tan sólo supe por su reputación a través de relaciones comunes o camaradas a cuyo lado luché. Haber conocido a tantos, de un modo u otro, es uno de los aspectos de mi vida que me enorgullece. Nunca fui suficientemente listo o despiadado como para convertirme en una figura central. La historia me desconocerá pero usted podrá recordarme si descubre y lee este libro.

Debe comprender lo viejo que soy. Resulta difícil imaginarlo, incluso para mí. Figúrese, haber nacido en un siglo que comienza con mil ochocientos aunque más no fuera que en las postrimerías del mismo. Mantenerme vivo aún es un logro del cual pocos pueden alardear. ¡Especialmente cuando uno ha esquivado a la muerte en tantas ocasiones!

Le advierto que los detalles de mi biografía no son significativos. Lo que sí es importante es que llegué a la vida revolucionaria con sinceridad. Desde los primeros días que logro recordar, mi hogar estaba lleno de hombres que hablaban de política y de revolución. Vivíamos del modo usual para aquellos tiempos. Varias generaciones cohabitando una casa grande amueblada con sencillez o apiñados en unas pocas casas cercanas entre sí. Recuerdo que cuando yo tenía siete u ocho años, la edad a la cual uno puede comenzar a prestar atención a ciertas cuestiones, mi abuelo vivía con nosotros. Él tenía casi setenta años, lo que para entonces era una edad muy avanzada. En relación con la edad hasta la que vivían la mayor parte de las personas, mi abuelo era tan viejo como yo lo soy ahora. Pero él era muy vigoroso, más de lo que yo soy, excepto en algunas mañanas en las que me siento extrañamente rejuvenecido.

Como usted puede darse cuenta, esto implica que mi abuelo fue joven cuando promediaba la centuria de mil ochocientos. Esta fue una época volátil. Bolívar y José de San Martín ya habían transitado por la escena en Suramérica y mi bisabuelo sabía y hablaba de ellos. En Norteamérica, los abolicionistas estaban causando una conmoción, presionando para extender la Revolución Norteamericana a la vasta cantidad de negros que, para vergüenza de aquella gesta histórica, habían sido excluidos del nuevo orden social. John Brown era una de las personas a las que mi abuelo admiraba. En Europa, Karl Marx ya escribía alentando la lucha de clases. Pero la preferencia personal de mi abuelo era por el revolucionario infatigable Giuseppe Mazzini. Mazzini actuó durante cuarenta años promoviendo e incitando a la insurrección. Trabajó incansablemente para crear una conciencia de identidad nacional en torno a la cual Italia pudiera transformarse en una nación, liberándose del control de las potencias extranjeras y del poder de los señores de la guerra. Algo muy similar sucedería en China durante el siglo subsiguiente.

Nuestra casa era un poco más grande que las de nuestros vecinos. Por lo tanto se convirtió en el lugar cotidiano de reuniones nocturnas donde mi abuelo y sus amigos, como así también sus adversarios, hablaban hasta entrada la noche. Discutían acerca de quién tenía razón, Marx o Mazzini. Mazzini había llegado a sostener que las teorías de Marx sólo producirían mayor pobreza y la sustitución de una clase dominante por otra.

Indudablemente para mi abuelo, Mazzini era un héroe debido a varias razones. El hombre era un santo. Siempre compartía el escaso dinero que tenía con los camaradas que pudieran necesitarlo más que él. Todo centavo que ganaba iba para la causa, nunca para sí mismo. Asumió riesgos en todo momento, siempre con la intención de que algo se pusiera en marcha. Garibaldi tenía el ejército y la fama pero era tan cauto que siempre estaba protegiendo su persona y su imagen, desaprovechando las oportunidades que Mazzini intentaba captar.

Mi abuelo respetaba a Mazzini porque siempre era capaz de hacer las siguientes tres cosas a la vez. Primero: podía mantener una visión clara de una sociedad nueva y luchar por ella incesantemente a pesar de los innumerables reveces que hacían caer a hombres menos virtuosos en la desesperación y la inacción. Segundo: manteniendo esa visión nítida, cuando alcanzarla resultaba poco práctico, podía hacer concesiones útiles que de todos modos preservaran la esencia de su ideal. Tercero: sin renunciar a sus convicciones, podía respetar a quienes sostenían ideas diferentes, debatiendo con ellos para ganar el apoyo de sus compatriotas en vez de recurrir a su silenciamiento. Mi abuelo me decía que otros revolucionarios podían hacer una u otra de estas cosas pero que aún no había conocido a ningún otro hombre que, como Mazzini, pudiera hacerlas todas.

Naturalmente, cuando yo fui suficientemente grande como para escuchar estas conversaciones entre amigos y adversarios, ya hacía mucho tiempo que habían dejado de hablar de Mazzini. Las noches se llenaban con discusiones sobre Trotsky y Lenin, los mencheviques y los bolcheviques, las virtudes del socialismo democrático versus la dictadura del proletariado. Apenas comprendí entonces que estos serían los asuntos más cruciales de nuestro siglo y que delinearían definitivamente la naturaleza de la revolución para lo que restaba del milenio. Yo sólo sabía que estos eran los tipos de cuestiones que los hombres trataban durante la noche, todas las noches. También supe que algunos fueron más allá de la discusión y entraron en la acción.

Yo tomé estas conversaciones muy en serio. De hecho, las interpreté literalmente. En la madurez de mis diecisiete años, anuncié que partía para unirme a la lucha revolucionaria. Mi padre palideció y mi madre rompió en llanto. Lloró durante tres días pero el día que finalmente me marché no le tembló ni un solo músculo del rostro.

Ella había llegado a aceptar que así sería mi vida, no una vida del siglo pasado sino una vida del nuevo siglo. Que no sería una vida de charlas y discusiones extendidas desde la noche hasta el amanecer sino una vida de acción. No podía enojarse conmigo porque hubiera tenido que enojarse con mi padre, su padre y su abuelo. Ella sabía que ese enojo hubiera estado fuera de lugar dado que no era culpa de su marido, su padre o su abuelo que el mundo estuviera en la condición en que se hallaba. Si debía enojarse con alguien, sería con el mismo mundo y el modo en que estaba dispuesto para el cruel beneficio de unos pocos. Aun si desde su condición de madre se hubiese permitido demostrar su enfado ¿hubiera esto servido de algo?

Por lo tanto, al comenzar aquella vida que está concluyendo mientras escribo este libro, mi madre me dijo adiós con un estoicismo que jamás he vuelto a ver. Es extraño tener cien años de edad y todavía extrañar a la madre.

CAPÍTULO I:
Ira y violencia

La vida difícil:
Ira ante la injusticia

La vida es difícil para mucha gente. Sentimos la agitación de los impulsos revolucionarios sólo cuando percibimos que la vida está siendo innecesaria y desmedidamente dura debido a las acciones de la clase o camarilla gobernante.

Una realidad innegable es que la vida resulta difícil y que lo es aún más para unas personas que para otras. De acuerdo a cómo interpretemos esta realidad, llegaremos o no a un estado de ánimo revolucionario. Podemos considerar que la vida es insoportablemente dura por razones que son ajenas a las políticas y acciones del grupo gobernante. Esta no es una situación revolucionaria aunque puede conducir a una crisis de fe o al colapso de la voluntad colectiva necesaria para sobrellevar las adversidades.

Las personas religiosas buscan interpretar la miseria extrema a través de la comprensión de Dios y su Plan Universal. Se debaten en entender cómo el Dios que adoran puede permitir un sufrimiento de la intensidad o en una escala como la que presencian. Ruegan por comprender el propósito del sufrimiento. Bregan para percibir su valor redentor pues, si no hay un valor redentor, se verían impulsados a rebelarse ante Dios o su concepto del mismo. De hecho, hasta el punto en que esto es posible, hay quienes condujeron revoluciones que desterraron a Dios de su universo.

Siendo creyentes o no, pretendemos entender y reducir las causas del sufrimiento en el mundo terrenal. Este es un sello muy distintivo de nuestra condición humana. Buscamos la cura de las enfermedades que dejan a los niños discapacitados o muriendo en agonía. Edificamos diques para contener las inundaciones, construimos sistemas sanitarios para purificar el agua potable, organizamos brigadas de bomberos para salvar a las familias atrapadas en incendios. Elaboramos teorías sociales y económicas para explicar lo que estamos observando y desarrollamos ideas para producir un cambio. Hacemos todo esto tanto por razones de egoísmo como de generosidad. Está en nuestra naturaleza querer prevenir o reducir el sufrimiento.

También están aquellos que, en horroroso contraste, agregan sufrimiento al que ya se halla en la vida. Existen personas que por codicia, miedo, sed de poder o desorden mental, actúan de modo que aumentan el sufrimiento en el mundo. Ante esto, el resto de nosotros nos sobrecogemos y nos horrorizamos aun cuando nos hagamos de la vista gorda ya sea por temor, preocupación o impotencia.

Una de las funciones de la sociedad civil es organizarse para tener el poder colectivo capaz de enfrentar a aquellos que hacen sufrir a sus semejantes. Esta es una función principal del Estado. ¿Pero qué hacemos cuando el mismo gobierno se convierte en perpetrador o en protector de los perpetradores del sufrimiento? Cuando está tan ocupado en mantener los privilegios de un segmento de la sociedad al punto que no usa los recursos colectivos acumulados para disminuir el sufrimiento o elevar el nivel de vida de otros sectores. Cuando la corrupción, la codicia y la locura han penetrado en el mismo Estado y ahora éste es el mayor causante de sufrimiento. Inevitablemente, en esta situación el gobierno usará su poder para mantener el intolerable status quo. ¿Quién intentará cambiarlo? ¿Quién enfrentará a la injusticia y al crimen? No es fácil enfrentarse al poder organizado de un gobierno. Como usted sabe, innumerables personas han muerto en el intento.

Los que se rebelan pueden provenir de los sectores perjudicados por el régimen o bien —expresando así una de las características redentoras de la naturaleza humana— de entre aquellos que son testigos de las injusticias sin poder soportarlas. En ambos casos su punto de partida es el dolor y la ira que da lugar a una consternación emocional suficientemente fuerte como para inducirles a actuar. Actúan irreflexivamente como una multitud o deliberadamente como individuos o grupos. Pero, de un modo u otro, actúan.

La ira en sí misma no tiene dirección. Reparte golpes a diestra y siniestra. Quien siente ira intenta destruir y a menudo lo hace, las cosas que considera erróneas e incluso a sí mismo. En esta condición, la ira es políticamente inoperante. La ira políticamente eficaz siempre está ligada a un análisis de la injusticia y sus causas. Se convierte en lo que en inglés se denomina "outrage" y que en español podemos asimilar a la palabra indignación. Esta es una forma de ira altamente direccional. En vez de una furia ("rage") indiscriminada que se manifiesta internamente sobre uno mismo o su propio entorno, la indignación está dirigida hacia afuera ("out") apuntando a las fuentes externas de la injusticia. La indignación tiene potencia.

Los individuos se transforman en activistas debido a su indignación y la determinación que proviene de ella. Intentan usar todo el poder legítimo que la sociedad les otorga para corregir los males contra los que se han alzado recurriendo a la prensa, los pliegos petitorios, el sufragio si éste existe, las asambleas y ahora también Internet. ¿Pero qué es lo que deben hacer cuando todo esto se les niega o fracasa y la represión persiste? ¿Cuál es el camino a seguir?

El revolucionario, el verdadero revolucionario, se forma en esta conjunción de ira, indignación y represión. No sucede igual con el revolucionario que está siendo utilizado como peón de una potencia hostil, como herramienta de traficantes de armas, mercaderes de diamantes o carteles de la droga. Tampoco acontece así con los tontos que son usados cínicamente para apoyar un plan despreciable. ¡Sería bueno que estos mentecatos despertasen y enfrentasen la realidad de cómo están siendo utilizados!

El verdadero revolucionario también debe ser precavido. Por sí mismos, los sonidos de la ira y la indignación son estridentes y cacofónicos. Lastiman el oído y perturban la mente. Los estallidos no atraen el apoyo que una revolución requiere. La gente, en la medida de lo posible, tapa sus oídos cuando alguien sólo grita y despotrica. Los sonidos agudos de la indignación deben estar acompañados por propuestas esperanzadoras de libertad y bienestar; por sonidos de armonía qué la gente sabe, muy dentro de sí, que pueden existir si se les da una oportunidad. La cacofonía y la armonía unidas constituyen una fuerza convincente que atraerá y mantendrá el interés de las personas oprimidas. Estas personas escucharán y luego sumarán sus propias voces. Se convertirán en un gran conjunto coral que, como toda música, buscará dar salida a las fuerzas contenidas en su interior.

El verdadero revolucionario canta la canción del canario en el socavón de la mina. Es un canto de advertencia y belleza. Intenta captar y dirigir la atención de las personas antes de que la estructura social colapse bajo el peso de la corrupción y de que el caos les envuelva. Canta para anunciar que aún existe esperanza, que aún hay tiempo si se apresuran. Les exhorta a abrir caminos que les lleven a la libertad y no hacia un pozo más profundo. La alquimia del revolucionario es transformar su ira en un canto tan poderoso como para impulsar a su pueblo a actuar con gran energía para su propia salvación.

Lamentablemente, la gente no siempre puede interpretar el canto del canario. Su lenguaje es muy delicado, muy alejado del pensamiento prosaico. A veces, es sólo el callar del canto del canario muerto, su ausencia profunda y repentina, lo que despierta a las personas que deberían haberle escuchado antes. Cuando algo así sucede, el canario se convierte en el mártir que ha guiado al pueblo mediante su sacrificio de amor.

El camino del revolucionario

Como ya he dicho, la ira por sí sola no es suficiente para dar lugar a un revolucionario. La ira aislada produce una persona furiosa. ¿Cómo se desarrolla entonces un revolucionario?

Raramente los revolucionarios se forjan de la noche a la mañana. Usualmente, cambiar los patrones de pensamiento que aceptan el status quo en el cual uno nace requiere muchos años y experiencias desgarradoras. El individuo debe dejar de aceptar las definiciones de normalidad impuestas por la cultura. Él o ella deben atravesar varios cambios existenciales. Estoy empleando palabras grandilocuentes pero permítame explicar por qué. La persona que lee este libro puede estar considerando seguir una vida revolucionaria. Debe entonces entender el camino antes de comprometerse.

El camino de cada individuo hacia la conciencia social y el activismo consecuente es único pero tiene dilemas comunes con el de otros individuos. La primera encrucijada sucede cuando el individuo prerrevolucionario adquiere conciencia de que existe como una entidad distinta. (Cuando digo "él" usted debe comprender que también quiero decir "o ella". Sin embargo, me resulta muy tedioso repetir esto todo el tiempo. Así que por favor, sea paciente conmigo). Él no es simplemente el conjunto de costumbres, mandatos y prohibiciones paternales en los que nació. Sin duda, él es parte indeleble de su tradición, su clase y su grupo étnico. Pero también es un ser independiente que puede elegir cómo interpretar su tradición y si se adaptará o no a ella. Él es libre de abrazar su herencia más fervientemente que su familia y amigos o rechazarla y buscar otras fuentes de identidad. En mi tierra adoptiva, Martin Luther King Jr. utilizó el púlpito de su padre para transmitir un mensaje transformacional de integración racial. Por su parte, Malcolm X rechazó una herencia similar y prefirió la plataforma del Islam para crear una conciencia negra radical.

Cualquiera que sea su decisión, ésta tendrá consecuencias que darán origen a un conjunto de alternativas entre las que deberá optar y luego a otro hasta que haya modelado aquello en lo qué se convertirá su vida personal. A través de un proceso diáfano o confuso, alcanzará conciencia de sí mismo como individuo libre de identificarse con lo que elija y de intentar crear un mundo como desee que éste sea.

Una vez que tiene en claro su existencia como agente independiente dentro de su contexto cultural, la segunda encrucijada a la que llega es descubrir qué clase de persona desea ser en su relación con el mundo. Puede parecer que no tiene opción, que uno es quien es y nada más. Esto es cierto pero no es toda la verdad. Existen aspectos manejables en su personalidad como así también funciones y limitaciones impuestas por el entorno. El camino revolucionario exige examinar todo esto críticamente y decidir qué se acepta y qué se cuestiona. Puede necesitar rechazar completamente algunos aspectos o impugnarlos en un momento dado para luego aprender a incorporarlos a su identidad. La imagen completa de quién es y quién puede llegar a ser es más amplia que aquella que el mundo le permite ver. Como observó el filósofo revolucionario Frantz Fanon, somos libres de rechazar los arquetipos en los cuales otros pretenden aprisionarnos.

El revolucionario emergente también debe desarrollar una comprensión del mundo. No de cómo el mundo se ve superficialmente sino de cómo funciona en la realidad. Debe buscar realidades y averiguar su significado. ¿Por qué las cosas son como son? ¿Por qué han llegado a ser de este modo y qué hace que se mantengan así? Es saludable que no se conforme con la primera explicación que descubra sino que indague a través de varias interpretaciones y las sopese por sí mismo. Una vez que construya una síntesis propia, necesitará preguntarse qué es lo que está dispuesto a hacer con esta nueva comprensión del mundo. ¿Nada? ¿Algo? ¿Específicamente qué?

En determinado punto debe levantarse y declarar quien es. Esto parece muy fácil una vez que se ha atravesado el umbral. En la realidad, es un paso enorme. Resolver esto por sí mismo le demandó al Che recorrer gran parte de Suramérica en su motocicleta. Había muchas expectativas puestas sobre él de las que tuvo que desprenderse antes de poder declarar quien deseaba ser.

Cuando el individuo ha alcanzado el punto de saber quién desea ser, seguidamente debe investigar el rango de opciones que se le presentan para lograrlo. Siempre existe un espectro de grupos a los que puede unirse o afiliarse. Cada uno se aproximará en diverso grado a la identidad que el individuo ha declarado para sí mismo. Posiblemente ninguno sea el calce perfecto. ¿Cuál será el que mejor coincida con su visión y temperamento? ¿Deberá formar su propio grupo? ¿Es suficientemente líder como para formular una visión distinta y lograr atraer a otros hacia ella?

En este punto ha de abrir muy bien los ojos y entender las diferencias en el abanico de grupos y estrategias entre los que puede elegir. Algunas elecciones tendrán consecuencias que afectarán su vida entera, que incluso podrán costarle la vida propia o las de terceros. Debe interrogarse acerca de sus valores y límites. Tiene que evaluar su madurez y habilidad para justipreciar las opciones disponibles.

Es posible que primero deba elegir un camino reformista. Aunque esta senda es un anatema para los revolucionarios activos, también es cierto que a veces los sistemas pueden cambiarse radicalmente mediante esfuerzos prudentes llevados a cabo desde su interior. Podría al menos intentar este camino aun cuando luego lo rechace. Esta elección también le permitirá probarse a sí mismo y a sus motivaciones.

Elegir un camino reformista o revolucionario requiere coraje pues, a esta altura del trayecto, habrá grandes presiones interiores y exteriores a favor y en contra de cada opción. Puede estar cautivado por grupos que tienen intereses propios confundidos con los suyos. En su afán por incluirle como uno de sus miembros, estos grupos harán discursos convincentes que son irresistiblemente seductores. No está mal que los grupos construyan una imagen atractiva para su causa. Todas las agrupaciones pujantes lo hacen. Pero esto no es razón suficiente para decidir asimilarse física y espiritualmente a un grupo en particular.

En mi vida he aprendido, en cuanto a la estrategia correcta para un momento y lugar dado, que a veces los revolucionarios tienen razón y que otras veces la tienen los reformistas. Seguir el camino reformista cuando no existe espacio político en el cual operar solo prolongará el sufrimiento de su pueblo firmando su propia sentencia de muerte. Abrazar el camino revolucionario cuando todavía existe espacio político pone innecesariamente en riesgo la vida de miles. Embarcarse en este camino cuando los vientos de la revolución aún no se han formado suficientemente conduce a nada excepto a la ruina de su vida. No es fácil descubrir el camino cuando uno está en la profundidad de la selva pero esto significa que, en esos momentos más que nunca, usted debe mantener el juicio y seguir una dirección cuidadosamente meditada.

No hay vergüenza en explorar alternativas a la revolución. Ya existen en la vida muchas cosas por las cuales avergonzarse. Preocuparse debidamente en probar diversos caminos para crear un mundo mejor no es una de ellas. Pero tampoco se puede vacilar en una parálisis como la de Hamlet debatiéndose entre el ser o no ser. La opresión que usted observa exige que actúe ya.

Aquí aparece la tercera y más crítica encrucijada: ¿a qué grupo o movimiento se brindará la lealtad? La elección hecha en este punto tiene grandes implicaciones pues es la primera disyuntiva que demanda un acto público, incluso cuando por razones de seguridad, éste resulte ser un acto secreto. Pero de un modo u otro, el individuo debe hacer una elección o deambulará en tierra de nadie.

En este hito comenzará un camino nuevo. Un viaje rico en camaradería, una senda con propósito, significado y a veces confusión. Casi siempre la declaración de lealtad de un individuo a un grupo le inhibe de pertenecer a otros grupos y, en una situación revolucionaria, le aísla de gran parte de la sociedad. Ahora, si no ha de ir a la deriva como un paria entre todos los grupos, debe fortalecer sus lazos con el grupo elegido y ganarse su confianza. Su supervivencia física y social quedará inextricablemente entrelazada con este grupo. El rechazo por parte del grupo pasa a ser impensable e incluso puede ser fatal.

Precisamente porque esta elección tiene tanta importancia es que el futuro revolucionario debe prestarle toda la meditación que se merece. Las decisiones tomadas en esta encrucijada a menudo son irreversibles. Una vez realizadas se pone el corazón y el alma en la misión. Se debe pensar cuidadosa y concientemente antes de decidir. Si usted se encuentra parado en esta encrucijada quizá encuentre mis experiencias pertinentes para ayudarle en su toma de decisión.

Violencia:
Sus usos y limitaciones

La violencia y la revolución son hermanos siameses unidos por una cadera aplastada. Los liberales deploran la violencia. Ellos sólo señalan la violencia extrema con la cual el revolucionario está asociado. No se quejan de la violencia crónica contra el pueblo que carece de alimentación básica, atención médica y agua potable. El pueblo muere de desnutrición y diarrea mientras las clases dirigentes comen delicias, beben coñac y asisten a las mejores clínicas.

¿Pero a qué se debe el rechazo de la violencia? ¿Por qué los liberales arman tanto alboroto acerca de ella?

La violencia existe en el mundo por doquier: en la tierra, en el cielo y en la profundidad del mar. El reino animal está dividido entre los asesinos y los asesinados. Los depredadores destrozan a su presa en pedazos. Los machos se destruyen unos a otros en su lucha por el liderazgo y los derechos de apareamiento. Las hormigas se organizan a sí mismas en ejércitos.

El reino vegetal no es menos violento, sólo es más lento. La kudzu[2] sofoca los bosques. Las algas asfixian los ríos. Las bayas y los hongos venenosos matan a aquellos que los consumen. Las enredaderas tóxicas producen ronchas en la piel.

Observe la Tierra. La violencia de las placas tectónicas al chocar unas contra otras, haciendo temblar edificios y convirtiéndolos en escombros, sofocando a miles de seres bajo el cemento y las mamposterías desmo-

---

[2] **Kudzu:** Planta trepadora leguminosa (pueraria lobata) proveniente de China y Japón introducida en Norteamérica en 1876 (Exposición del Centenario de Filadelfia, Pensilvania). Inicialmente apreciada por los decoradores de jardines, usada como forraje desde 1920, promovida por el gobierno Estadounidense para control de la erosión desde 1930, también empleada con fines alimenticios humanos, medicinales y cosméticos. Su adaptación al clima del sureste de Estados Unidos es tan buena como su resistencia a los herbicidas. Se propagó fuera de control y el gobierno norteamericano cesó su promoción en 1953 al comprender que era responsable de la destrucción de bosques pues impide que los árboles reciban la cantidad necesaria de radiación solar e incluso los arranca de raíz por efecto de su peso. Considerada plaga por el Departamento de Agricultura de Estados Unidos (USDA) desde 1972.

ronadas. Las erupciones volcánicas que sepultan a aldeas enteras bajo cenizas o lava dando fin abrupto a la vida de todos sus habitantes. Los tifones que anegan y los tornados que destrozan.

Incluso las estrellas, idealizadas por tantos compositores de canciones, no son otra cosa que violentas reacciones en cadena, hornos termonucleares que vomitan chorros de gas a millones de kilómetros de distancia en el espacio. Su nacimiento es violento, su vida es violenta, su muerte es violenta.

Regresando a la Tierra, estoy aquí sentado en mi violento país adoptivo, donde las personas se asesinan unas a otras a cada hora con los millones de armas que poseen. A la vista de todo esto, ¿seré yo acaso quien le dé un sermón acerca de los males de la violencia? ¿Seré otro hipócrita que argumenta en contra de su tipo de violencia mientras justifica prolijamente otras formas de terror?

No soy tan estúpido. Después de haber vivido cien años, no soy tan estúpido. Le ahuyentaría a usted como lector y no pretendo perderle. Usted es demasiado importante. Hay muchas cosas pendientes en sus manos. Por lo tanto, no le daré un sermón en contra de ejercitar aquello que el resto del universo hace. Usted tiene tanto derecho como cualquier otra fuerza en el cosmos. Pero existen advertencias. Recomendaciones que debe tener en cuenta.

Como usted sabe, es igualmente cierto que el mundo funciona por cooperación como por conflicto, por colaboración como por violencia. Su propio movimiento no existiría sin la cooperación entre individuos y células, entre los civiles que lo apoyan y sus combatientes, entre ustedes y sus aliados. Sin cooperación, el alimento no podría distribuirse entre su gente, las acciones de inteligencia no serían posibles, esos sitios nuevos de Internet no estarían disponibles.

De las dos fuerzas de la vida —violencia y cooperación— la cooperación le llevará varias veces más lejos que la violencia. Todos sus objetivos y toda su capacidad para mejorar la vida humana, dependen de su habilidad para cooperar y lograr que muchos grupos e individuos cooperen con usted.

La violencia debe reservarse para aquellos que la utilizan para destruirle. ¡Demasiado a menudo la violencia se usa indebidamente como método para obtener, de entre todas las cosas, cooperación! Preste atención a esto cuidadosamente pues se refiere a una confusión importante y primordial. ¡No se puede lograr cooperación por medio de la violencia! Se podrá obtener complicidad de corto plazo, eso es todo. ¿Es eso lo que desea? ¿Es eso lo que necesita? Si usted quiere conducir una revolución genuina la respuesta es "¡No!" Usted necesita una cooperación entusiasta, de largo aliento y brindada libremente.

Casi todos los grandes abusos del poder revolucionario se originan en esta confusión. El resto se debe al deseo de venganza o a la acción de individuos sicópatas que adquieren poder. El líder revolucionario, si pretende ver a su revolución creando una vida mejor para el pueblo en cuyo nombre lucha, debe evitar esta confusión. No se puede obtener cooperación por medio de la violencia.

Permítame narrarle una historia. Prometí hacerlo. Estas narraciones son más interesantes que mis arengas y harán más breves las largas noches en el campamento.

El anciano
y el revolucionario

José de Antigua se ocultaba sentado entre los matorrales junto al sendero. Estaba bien camuflado. Los animales podían olerle y prestaban cuidado en evitarle pero las personas pasaban de largo sin sospechar su presencia.

José estaba esperando que pasara cierta persona. La semana anterior había hablado con Emmanuel Sánchez, el anciano de la aldea. Pasó dos días en la aldea del Señor Sánchez, casi todo el tiempo sentado con él, comiendo, hablando y discutiendo.

José fue con una misión: obtener la ayuda de Emmanuel Sánchez. Su aldea, Santa Doria, se encontraba cerca de un cruce principal de caminos muy usados por el ejército. José quería que Emmanuel lograra que su gente le informase detalladamente acerca de los movimientos de los militares. Sánchez no quería persuadir a sus vecinos a hacer esto. Tenía varias razones para ello.

Primero: no deseaba poner a su gente en riesgo. Existían rumores de que el ejército había incendiado completamente otra aldea cuando sospechó que sus habitantes suministraron comida e información a los rebeldes. Segundo: el gobierno le había prometido un nuevo pozo de agua y su pueblo lo necesitaba desesperadamente. Tercero: aún no estaba convencido de confiar en los rebeldes. Emmanuel había vivido mucho. Escuchó muchas promesas. Pocas se cumplieron. Los rebeldes prometieron ayudar a Santa Doria pero, llegado el momento, Emmanuel supo que no podía contar con su ayuda. Todavía no habían probado ser confiables. No aún.

José no pudo convencer a Emmanuel. Entonces se enojó. Se paró, gritó y paseó de un lado a otro alrededor de la pequeña choza donde hablaban a altas horas de la noche. Llamó a Emmanuel con nombres irrespetuosos que no deberían emplearse al dirigirse a un anciano.

—Si el ejército —comenzó a advertir José a Emmanuel— amenaza con incendiar Santa Doria por colaborar con los rebeldes, entonces nosotros amenazamos a prenderle fuego por no ayudarnos.

No resultaba fácil la elección.

Cuando José comenzó a vociferar, el anciano se replegó en un lugar dentro de sí mismo que era impenetrable para otras personas. Un lugar frecuentado durante muchos años cada vez que los hombres poderosos le amenazaron. Siempre hubo un hombre autoritario amenazando. Algunos se denominaban a sí mismos gobernantes, otros generales, otros señores de la droga, bandidos o rebeldes. A él no le importaba cómo se llamaran. Todos se comportaban de igual modo.

Muchos años atrás hubo uno que fue diferente. Se llamaba a sí mismo rebelde pero actuaba de otro modo. Comprendía las penurias que sufría el pueblo de Emmanuel. Cuando podía, para facilitarles el trabajo, les traía herramientas recogidas en las incursiones. No les pedía nada a cambio. Sólo quería ayudarles en sus necesidades. Al cabo de un tiempo, Emmanuel terminó dando a este comandante rebelde cosas que el comandante jamás le solicitó, cosas que la aldea no podía ceder fácilmente pero que el líder rebelde seguramente necesitaba.

José desconocía esta historia. Tampoco sabía como era Emmanuel, de qué estaba hecho y a qué respondía. Cuando estuvo en su aldea le vio junto a su hijo menor, un niño de diez años. Observó el cariño con que se hablaban y abrazaban. José intuyó que había un modo de convencer a Emmanuel, de conseguir su cooperación. Su amor por el pequeño era su punto vulnerable.

José esperó al borde del camino. Había descubierto que Raúl, el hijo menor de Emmanuel, pasaba por aquel lugar en su camino hacia y desde la escuela. Quizá estuviese con otros niños pero no con adultos o guardias armados. Luego de casi adormecerse, se despabiló al escuchar risas. Escudriñó con cuidado a través de los matorrales y vio a Raúl bromeando con un amigo de su misma edad.

José salió de los matorrales dando un brinco y blandiendo dos revólveres. Con gritos ordenó a los niños que se arrojaran al suelo o les perforaría el estómago a balazos. Ellos se paralizaron por el terror, prácticamente incapaces de arrojarse al suelo como se les ordenaba. José les propinó un fuerte empujón a cada uno haciéndoles caer. Comenzó a gritarles que se quedaran quietos, que no se movieran ni un centímetro o él se aseguraría de que no volvieran a moverse jamás.

José ató las manos de los niños y les arrastró hacia los matorrales donde había estado esperando. Les vendó los ojos, les amordazó y les hizo caminar un par de horas hasta un campamento secreto que había improvisado en la espesura del monte. Allí amarró a cada pequeño a un árbol con los ojos aún vendados. José no era un hombre de muchas palabras. Le manifestó a Raúl que necesitaba mandarle un mensaje a su padre. Raúl comenzó a decir que intentaría colaborar. Antes de que las palabras terminaran de salir de su boca, José tomó una filosa navaja de afeitar, sujetó la mano derecha de Raúl sobre el árbol y con un corte preciso y cruel le amputó el dedo meñique. Raúl gritó desaforadamente. Su amigo quedó aterrado ante el alarido.

Cállate —rugió José— o perderás otro.

Tan pronto como hizo el corte, José extrajo una botella de aguardiente y vertió un poco sobre la mano sangrante de Raúl. El niño chilló nuevamente. Esta vez José ignoró el grito. De manera rápida y experimentada, colocó un vendaje alrededor del muñón del dedo amputado y contuvo el sangrado. Raúl se desvaneció debido a la conmoción sufrida.

José envolvió el dedo en un trozo de gasa y dirigió su atención hacia el amigo de Raúl. Colocó el dedo amputado en un bolsillo de su camisa y le desamarró del árbol.

—Te conduciré de regreso al camino que lleva a tu aldea —dijo José al niño—. Cuando lleguemos cerca del camino, aflojaré los nudos de tus ataduras y desapareceré nuevamente entre los matorrales. Podrás liberarte en pocos minutos. Regresarás a tu aldea e irás directamente a ver a Emmanuel Sánchez. En tu bolsillo hay un obsequio para él. Le dirás que mañana debe enviarte de regreso con la información que le pedí. Desde hoy en adelante, todas las semanas esperaré esa información. Si no la recibo, le enviaré otro obsequio y otros más. Si hace cualquier intento de seguirte hasta mi campamento, Raúl morirá.

El niño siguió a José de regreso al camino. José le quitó la venda de los ojos, aflojó los nudos de sus ataduras y luego desapareció nuevamente entre los matorrales. Después de un rato, el niño se liberó de sus amarres y corrió a buscar a Emmanuel Sánchez.

Al día siguiente el muchacho regresó al lugar al que José de Antigua le había ordenado. José esperaba recibir abundante información acerca de los movimientos del ejército. Sabía que el anciano no le delataría con los militares ya que odiaba a los soldados tanto como él. Seguramente, para que el anciano cooperara, había sido suficiente con presionarle en la misma medida que el ejército.

Cuando José vio al niño, le agarró por la camisa y le arrastró entre las malezas. Le colocó una bolsa sobre la cabeza para oscurecer su visión y le ató una soga a la cintura. Entonces, mitad a rastras y mitad a empujones, llevó al pequeño nuevamente hasta su campamento.

Raúl permanecía atado al árbol imposibilitado de escapar mientras José estaba afuera. Al llegar, José amarró nuevamente al otro niño a un árbol.

Bien —dijo José al amigo de Raúl—. ¿Qué tiene Emmanuel para informarme?

Busca en mi bolsillo —respondió el pequeño.

José hurgó en el bolsillo del niño. Había una nota y algo envuelto en una gasa.

José desgarró la gasa. Por un instante quedó boquiabierto. Había un dedo envuelto en la gasa. Un dedo más viejo, con pelos grises y la uña amarillenta.

La nota decía: "Señor José. Este es un obsequio recíproco al que me ha enviado. Es mi propio meñique. Cada vez que me envíe un pedazo del cuerpo de Raúl, yo le enviaré un pedazo del mío. Al final, nosotros habremos perdido a Raúl y usted habrá perdido a toda la aldea de Santa Doria".

Violencia versus fuerza

"El mal llama al mal"
—Refrán español

Comenzaré este capítulo con una pregunta. ¿Quién es el verdadero revolucionario? ¿Quién es el falso? Quizá resulte evidente pero no siempre es tan fácil averiguarlo.

Parece obvio que los revolucionarios son personas con armas dispuestas a usarlas para derrocar a un régimen opresor pero también puede ser que no lo sean. Tal vez estas personas sólo desean reemplazar el régimen existente por uno propio. Quizá, una vez que logren tomar las riendas, mantendrán el poder empleando las mismas tácticas opresivas.

Por otro lado, los hombres sin armas en sus manos no parecen ser revolucionarios. Si protestan contra las prácticas del régimen sin empuñar armas parecen ser reformistas sin oportunidad de éxito. Al negarse a sí mismos el permiso para utilizar las mismas herramientas de violencia que el régimen emplea libremente parecen ayudar involuntariamente al régimen. Nada cambiarán fundamentalmente.

Yo creía sin lugar a dudas en lo que acabo de expresar. Se necesitaron muchas experiencias amargas para que reconsiderara esta opinión. Más adelante le pondré al tanto sobre alguna de estas experiencias pero por ahora permítame proseguir con las ideas de este capítulo. Sólo quiero que sepa que no cambié mis puntos de vista sentado sobre mi gordo trasero en un mullido sillón de un cuarto confortable. Cambié de parecer en la línea de fuego y al igual que usted, exponiendo mi pellejo.

En algunas situaciones pueden existir alternativas a la revolución armada, en otras quizá no. Los no-revolucionarios exponen siempre a Gandhi como una alternativa. Pero la situación que Gandhi enfrentó era muy específica y bajo otras circunstancias él simplemente hubiera tenido los tanques pasándole por encima. Sin embargo, he llegado a convencerme de que siempre deben agotarse todas las alternativas antes de recurrir a la violencia. Siempre se requiere fuerza para derrocar a un régimen opresivo pero no necesariamente violencia. La estrategia es la denominada resistencia pasiva aunque creo que el nombre está mal aplicado pues siempre se necesita resistencia activa para derrotar a las fuerzas opresoras.

El uso de la fuerza sin violencia demanda un coraje extremo. Cuando alguien marcha, organiza, hace propaganda, boicotea o se planta delante de un tanque, casi siempre resulta víctima de golpes, gases, encarcelación, balaceras y a veces hasta del mismo asesinato. Se sufren atentados, violaciones, linchamientos, torturas y exilios. La primera cuestión a tener muy en claro es que el uso de la fuerza sin violencia exige tanto coraje como la lucha armada.

La resistencia activa es siempre preferible a la violencia cuando la situación deja margen para usar fuerza no-violenta. La resistencia activa no mutila las piernas de los niños ni los deja huérfanos por millares. Al aplicar enérgica y agresivamente todos los métodos no-violentos al alcance, se ocupa automáticamente un terreno político y moral elevado desde el que se puede atraer atención y apoyo.

Me arriesgaré a decir que, bajo ciertas circunstancias, los actos de terrorismo pueden reemplazarse con mucho mejor resultado por actos de sorpresa, audacia y humillación. Sí, me entendió bien, humillación.

La historia nos demuestra que en casi todos los casos, cuando las revoluciones tienen éxito en el derrocamiento de un opresor, el régimen ya estaba severamente debilitado y preparado para el colapso. Auque aparentemente temible y fuerte, el régimen estaba carcomido en su médula y era insostenible. Si esto es cierto, puede afirmarse que, en vez de fomentar el pánico a través de actos de terrorismo, es igualmente efectivo hacer que todo el mundo se burle del régimen.

Acompáñeme por un instante mientras dejamos volar nuestra fantasía libremente. Imagínese llevando a cabo cualquiera de los siguientes actos:

Capturar a una docena de soldados de las fuerzas de elite del régimen, vestirles sólo con medias femeninas de encaje e informar donde hallarles a todos los medios de prensa a los que se tenga acceso.

Tomar las ropas arrebatadas a las fuerzas de elite, sujetarlas a globos de gas y dejarlas flotar sobre la ciudad para demostrar que las promesas y las amenazas del régimen no son más que palabras al viento.

Encadenar a los guardias de un centro de detención frente a las paredes de la prisión con las mismas cadenas usadas para torturar a los prisioneros. Filmar la escena y distribuir la grabación tan extensamente como sea posible a través de Internet o servicios noticiosos extranjeros.

Estos pensamientos me hacen sonreír. Es bueno reír de vez en cuando. Su imaginación puede volar aún más libremente que la mía. No pretendo tomar en broma asuntos tan serios pero la ridiculización es un arma potente que no se debe olvidar ni descartar. Si lo que se busca son titulares y trascendencia pública, puedo garantizarle que estas tácticas serán efectivas. Además, los opresores han humillado al pueblo por décadas. Resulta placentero darles a probar un poco de su propia y apestosa medicina.

Obviamente estas tácticas requieren que usted disponga de un brazo político fuerte y capaz de hacer llegar el mensaje. También presuponen que en el régimen depravado hay suficiente espacio político como para aplicarlas. He descubierto que estas acciones inusitadas pueden llegar a ser tanto o más poderosas que las acciones violentas que el régimen está preparado a repeler. Además de exponer la debilidad del régimen y dar ánimo a sus detractores, tienen un efecto similar al que produce la mafia cuando deja una cabeza de caballo en la cama de alguien a modo de advertencia. Demuestran que usted puede hacer lo que se le venga en gana y que sólo es su auto-limitación la que evita que haga más. Esto último puede cambiar.

Como con toda herramienta, existen usos y limitaciones para la fuerza no-violenta. El desafío es llegar a ser suficientemente hábil en el uso de la herramienta para que rinda el mayor provecho posible. Cuando ya no sirve, ni siquiera en manos expertas y comprometidas, se debe recurrir a otras herramientas. Cuando estas otras herramientas han cumplido su función de munición pesada y ablandamiento, se deben retomar las herramientas más delicadas que dan forma, pulen y acaban.

Mandela es el ejemplo más grande de mi época en cuanto al uso equilibrado de fuerza y violencia. Supongo que en mi libro o si yo estuviera en posición de otorgar premios, esto le convierte en el revolucionario del siglo.

El Congreso Nacional Africano (CNA) mantuvo durante décadas una política de no-violencia. Se adhirió a esta política como respuesta a la provocación, el hostigamiento y la represión. Usted podrá decir que la aplicó por demasiado tiempo pero esa es una opinión retrospectiva. El CNA aprovechó los espacios que quedaron abiertos por el marco remanente del sistema legal británico para publicitar su caso. Mientras existieron, esos bolsones de oportunidad se ocuparon y utilizaron como plataformas.

Eventualmente los espacios se achicaron. Después de ocuparlos durante décadas, ya no produjeron cambio alguno. Entonces Mandela, un hombre de principios, llegó de mala gana a la conclusión de que no podía seguir transitándose la senda de la no-violencia mientras la violencia era ejercida sistemáticamente en contra de su pueblo.

La gran ironía de Mandela es que, siendo uno de los primeros líderes del CNA en abogar por la inclusión de tácticas de violencia limitada en su estrategia, no resultó involucrado personalmente en la lucha armada pues fue llevado a prisión antes de que esto ocurriera. ¡Mandela permaneció preso durante 28 años! Sus manos quedaron limpias de violencia y entonces el mundo cree que fue un gran promotor de la paz. Ciertamente Mandela trajo paz y justicia. Pero, aunque el mundo quiera olvidarse de ello, también rehusó tenazmente renunciar a la violencia mientras el régimen opresor la usara para sostener su dominación inmoral. Sus palabras aún suenan en mis oídos diciendo que siempre es el opresor y no el oprimido, quien dicta las formas de lucha. Por supuesto que Mandela no quiso decir que la oposición no tiene poder de elección, sino que los métodos de respuesta a la opresión serán elegidos eventualmente entre las opciones que el opresor deje abiertas.

Por lo tanto, aún en las últimas etapas de la lucha, cuando el gobierno ya estaba negociando con el anteriormente proscrito CNA, Mandela rehusó renunciar al uso de la violencia mientras el gobierno no hiciera lo mismo.

¿Qué tipo de violencia admitía el CNA? Se prestó mucha atención en enfocar la violencia contra instalaciones militares, símbolos e instrumentos de la policía de Estado y puntos críticos de la infraestructura económica. Esto es diametralmente opuesto a las tácticas de violencia indiscriminada que aterrorizan a las poblaciones basándose sobre la premisa de que, si se genera terror suficiente, entonces el enemigo capitulará o será derrocado. Por el contrario, estas tácticas usualmente endurecen la represión. Cuando la violencia indiscriminada y extendida se convierte en una táctica, a la larga, resulta autodestructiva. ¿Por qué sucede esto?

Existe un secreto simple para todo liderazgo político que Mandela conocía bien. Este es el secreto más importante que puedo compartir con usted. Uno debe mantener a su gente unida. En todos los países el pueblo está dividido entre Norte y Sur, ricos y pobres, musulmanes e hinduistas, de piel pálida y oscura, hutúes y tutsies o nativos e inmigrantes. Cuanto más grande es el país, mayor es el número de divisiones. El deber principal de un líder político es mantener a todos los grupos unidos pues, tan pronto como no lo haga, estallará la guerra civil con sus consecuencias ruinosas.

Si en la cruzada hacia el poder se consuma una violencia imperdonable sobre grupos de compatriotas, luego no será posible curar las heridas de los victimados ni ganar su apoyo. Los recuerdos de la violencia se graban indeleblemente en la memoria de las víctimas y éstas, a su vez, las graban en las mentes de sus hijos. Tarde o temprano estos grupos se alzarán en su contra. Tal vez lo haga la misma generación ultrajada, quizá la siguiente, pero indefectiblemente se alzarán. Si se pretende evitar la guerra civil y el fracaso de la visión, se debe limitar la violencia empleada para llegar al poder. Si se necesita usar violencia, sólo debe usarse la suficiente, exclusivamente la suficiente.

En Sudáfrica jamás se supuso que la victoria se lograría a través de la derrota de las fuerzas de seguridad sudafricanas. Estas eran muy poderosas. La confrontación militar directa sólo podría producir millones de víctimas durante muchos años, un país devastado y una victoria pírrica de un bando sobre el otro. El objetivo era dificultar la gobernabilidad del país si el Estado no cesaba de aplicar políticas brutales y degradantes en contra de la mayoría de su población.

Sin duda esto no es válido para todas las revoluciones. Cada revolución es única en cuanto a sus circunstancias. A veces se estima que la victoria en el terreno militar es factible. Esto puede ser así. Pero al final aún quedará por resolver cómo convivir con los vencidos. Cuanto mayor sea la violencia perpetrada para alcanzar la victoria, menor será la oportunidad de sustentar un orden nuevo que no dependa de los mismos métodos opresivos contra los que se combatió. Si se depende de estos métodos, es el opresor quien ha vencido. Él le ha transformado a usted en vez de usted transformarlo a él.

Actos prosaicos

La mierda salió, dura, limpia, rápida.
Por suerte era limpia.
Cagarse en la batalla puede ser un gran problema
que sofoca el afán de continuar.

Una senda tortuosa le trajo hasta allí
con los pantalones caídos a la altura de las rodillas.
No lamentaba haberlo seguido.
Sólo anhelaba que tuviera un final al que alguna vez pudiera arribar.

Supuestamente el camino llevaba a algún sitio completamente nuevo.
Esperaba ansioso hallar ese lugar
pues estaba extenuado y propenso a no importarle el destino
con tal de pronto llegar.

El deseo de progresar lo era todo
en un mundo diseñado para molestarnos con pequeñas ofensas
a las que nos somete diariamente
en medio de los grandes agravios.

Se limpió el culo con hojas.
Izó rápidamente los pantalones
y abrochó el cinturón.

Los actos prosaicos sucederían finalizara la guerra o no,
donde quiera que el camino voltease,
cuando quiera que terminase.

Algunas cosas son permanentes
aun en tiempos de revolución
y es inútil ignorar su realidad.

Los revolucionarios jóvenes

Reconozco que mi exposición se parece a una conferencia pero eso es todo lo que puedo hacer en el tiempo que me resta. Quisiera poder entablar un diálogo con usted pero no es posible. Apenas puedo susurrarle a este joven que me ayuda a captar mis pensamientos. Por lo tanto ahora, desde mi ancianidad, le hablaré acerca de los más jóvenes.

Muy probablemente su causa atraerá a los jóvenes. Ellos se acercarán temerarios y traerán consigo su idealismo y energía. En su entusiasmo, se inclinarán hacia los excesos. No fomente ni permita que esto suceda. Aunque sus excesos puedan favorecerle en el corto plazo, a la larga dañarán a su causa. Si usted vence, algún día estos jóvenes volverán a ser parte de la sociedad, algún día tal vez contribuyan a dirigir la sociedad. No les permita convertirse en hampones pues pueden continuar siéndolo y arruinar el mundo que usted desea construir.

Si usted ve a una persona joven cometiendo un exceso, gozando ante el sufrimiento que está presenciando o causando, abofetéele severamente para que siempre recuerde el golpe y la mirada en sus ojos. Dígale que su misión nunca será la de gozar con la pena ajena. Algunas veces podrá causar sufrimiento a los demás como consecuencia indeseada de lo que intenta lograr pero jamás deberá disfrutarlo. Si ha de ser un hombre verdadero y un revolucionario valioso, será mejor que lloré frente al dolor y que no se ría del mismo. Su misión es ayudar al pueblo, no hacerle sufrir. Si la persona joven es una mujer, recuérdele que una mujer da nacimiento a la vida y que su cometido especial en el mundo es proteger a los niños y ocuparse del bienestar de los adultos que esos niños necesitan para criarse.

Algunas veces los jóvenes provocarán sufrimiento sin pretender hacerlo. Algo así es tan penoso para ellos que niegan el dolor y lo transforman en broma, un modo de juego cruel. Una vez que hicieron esto, seguirán haciéndolo a fin de ocultar la realidad del dolor que causaron.

Cuando encuentre jóvenes que han causado sufrimiento por vez primera, debe tomarles por el brazo y sacudirles. Dígales que usted comprende como se sienten acerca de lo que han hecho. Que usted sabe que no pretendían causar sufrimiento y que preferirían no haberlo hecho. Que son personas buenas y compasivas y que es terrible que en la revolución y en la guerra las personas como ellos a veces lastimen a otras personas. De este modo sabrán que está bien sentir dolor por haber causado sufrimiento y no lo bloquearán en su memoria encubriendo la provocación de sufrimiento como una virtud falsa y abominable.

¡Piense en lo que estoy diciendo! Si lo hace, comprenderá que debe hacer lo posible por crear hombres y mujeres que sean lo opuesto a aquellos que sirven al régimen. Lo opuesto a aquellos que pueden torturar y matar a otros manteniendo sonrisas sarcásticas en sus rostros permaneciendo indiferentes a los lamentos y las súplicas. ¡Esto sí que es verdaderamente revolucionario!

Si usted es un comandante revolucionario, entonces ya se ocupa de adoctrinar a los jóvenes reclutas en los valores de la revolución. Tenga en cuenta que ellos detectan las diferencias entre lo que usted dice valorar y las acciones que realmente realiza. Ellos saben que lo verdaderamente importante es aquello que usted hace. Haga honor a su responsabilidad para con los jóvenes y mantenga su compromiso personal con los valores por los cuales proclama vivir.

Si usted es un hombre de confianza de los comandantes, preste atención a que ellos no olviden sentir el dolor que su gente recibe e inflinge. Cuando han visto demasiado, cuando han sentido demasiado, cuando sentir más resulta insoportable, los jefes están en peligro de tornarse insensibles. Digo peligro con todo el énfasis posible. Tanto ellos como el pueblo que están salvando, sus jóvenes protegidos y toda la revolución, están en peligro. El individuo que niega sus sentimientos, que no puede soportar el dolor de sentir, es capaz de cometer actos insensibles y terribles. Este ser humano ya no puede sentir las consecuencias de sus actos sobre la vida de otros seres. Se transforma en un estereotipo de insensibilidad y crueldad.

Si un camarada deja de sentir compasión, reconozca el peligro. Llévele aparte y siéntense ambos junto a una fogata, una roca o una mesa cubierta con un mantel de hule. Hágale hablar acerca del sufrimiento que ha presenciado. Si es necesario, ayúdele a relajarse con algunas copas.

Brinden juntos varias veces. Rían y maldigan al unísono. Luego anímele a recordar los familiares que vio asesinar, los hombres secuestrados y luego desaparecidos, las mujeres violadas a las que no pudo ayudar, la furia que sentía y la subyacente sensación de impotencia. También incítele a comentar acerca de las personas a las que hizo sufrir. ¡Por el bien de todos nosotros, hágale llorar, gritar, lamentarse en autocompasión por todo lo que ha debido atravesar! Conténgale. Conténgale y arrúllele diciéndole que está bien, que usted comprende, que es importante llorar y gritar, que eso no es debilidad, que sentir así nos otorga fortaleza. Pero también hágale comprender que la capacidad de sentir es la fuente en la cual se nutre su condición humana. Asístale a contener su gran ira pero no le permita sepultarla.

Cuando un camarada sienta ira, ayúdele a dirigirla hacia las injusticias. No le permita orientarla hacia quienes cometen esas maldades, porque entonces él mismo se transformará en un causante de injusticias. Un verdadero revolucionario no puede convertirse en un criminal. Evitando que su camarada se transforme en un perpetrador, usted se librará de convertirse a sí mismo en un truhán y salvará de esa inmoralidad a todos los jóvenes creadores de un nuevo mundo que están a su cargo.

Dígales a sus subordinados jóvenes y demuéstrelo a través de sus actos que si buscan una sociedad justa entonces deben conducirse con justicia. Si buscan una sociedad que cuide de las personas honestas, sean estas educadas o pobres, deben tratar a la gente de un modo que demuestre su interés por ellas durante la revolución, aun mientras se estén poniendo en marcha grandes cambios. Si la revolución se conduce de este modo pero fracasa, en realidad no habrá fracasado. Continuará viviendo en los corazones del pueblo y resurgirá en algún otro momento. Si la revolución resulta victoriosa, triunfará realmente y no reemplazará simplemente a un régimen opresivo por otro.

Aliente a sus voluntarios y reclutas jóvenes a pasar a la acción efectiva pero siempre sopesando sus opciones. Con certeza, sus acciones serán necesariamente dramáticas. Deberán optimizar sus medios escasos haciendo cosas sorprendentes, inesperadas, que conmocionen y comprometan a la gran cantidad de recursos del régimen pegándoles en donde más les duela. A igualdad de oportunidades, enséñeles a optar por las acciones que causen menor sufrimiento. Si la revolución es por una causa justa, cualesquiera que sean sus particularidades, su propósito es disminuir el sufrimiento injusto. Siempre que sea posible seleccione tácticas que hagan honor a esto. Pueden ser enérgicas y causar conmoción pero no deben ser abominables. Confíe en el efecto de los titulares mostrando las atrocidades cometidas por los opresores. No les ofrezca oportunidad para divulgar horrores causados por la revolución. No permita que su legado vuelva a ser otra generación entrenada para hacer sufrir a sus compatriotas. Permita que su herencia sean hombres y mujeres jóvenes que sirvan como guardianes de un mundo mejor que aquél en el que han nacido.

El revolucionario rabioso

Hay un último asunto que quiero abordar en relación con la ira y la violencia. Se trata de un inconveniente que padecen todos los grupos revolucionarios. Usted atraerá hacia su causa no sólo a quienes están airados ante la injusticia sino también a los rabiosos. Como usted sabe, el rabioso hace espuma por la boca y no es confiable. Tarde o temprano la enfermedad le lleva a perder el control y a atacar y destruir al azar. Los revolucionarios no atacan indiscriminadamente.

Esto es un problema debido a que usted está muy necesitado. Sus fuentes son tan escasas, dispone de tan pocos brazos para hacer tanto trabajo. No puede permitirse ser selectivo en cuanto a quienes admitir como reclutas. Usted no es el gobierno, con su burocracia e inagotables —aunque mediocres— recursos. Resulta suficiente con que los aspirantes sean sanos, sepan soportar las dificultades, comulguen con su causa y puedan pelear o acarrear provisiones. Cuando las personas ingresan a su organización o célula, su único temor es que se trate de infiltrados enviados para ganar su confianza, conocer sus planes secretos y luego traicionarle. Usted está siempre vigilante ante la aparición de la rata o el provocador. Debe estarlo. Esto es parte de su responsabilidad como revolucionario, uno de los instintos que le ha permitido sobrevivir. ¿Ahora, si no son agentes enviados para dañarle, qué otra razón puede haber para rechazar su apoyo? ¿Qué importa si están furiosos? ¡Usted también lo está!

Yo le sugiero, valiente revolucionario, que sea tan receloso del rabioso como lo es del eventual agente infiltrado. A este último le paga el enemigo, el primero actúa por su propia cuenta. Ambos le causarán problemas graves, socavando y desacreditando tanto a usted como a su causa. No se tiente por el beneficio a corto plazo que puede obtener del rabioso. A la larga lo pagará muy caro.

Los rabiosos están tan lastimados que ya no pueden distinguir entre un poder y otro. Ellos resienten intensamente toda clase de autoridad, incluso la suya. Le obedecerán por temor cuando usted pueda presenciar sus actos. No le obedecerán cuando se hallen fuera del alcance de su vista o de la tutela de quienes le son leales.

Usted dice, — ¿Y qué mas da? Son rebeldes. Yo también soy un rebelde.

Responderé a ese "¿qué más da?" Por ejemplo, siguiendo un principio revolucionario básico, usted le advierte a este individuo rabioso que no debe lastimar a los campesinos de cuya ayuda todos ustedes dependen.

Un día le envía al frente de un grupo comando a emboscar una patrulla militar que le está persiguiendo. Él se topa con un autobús repleto de trabajadores migratorios que intentan llegar a una aldea en la que hay trabajo. Los trabajadores temen a los militares y por lo tanto suelen simular que colaboran con el ejército. Un hombre del comando descubre que algunos de los que viajan en el autobús complacieron a unos soldados brindándoles comida, agua y alguna información intrascendente. El rabioso líder del grupo decide aplicar un castigo ejemplar a los trabajadores a pesar de que su política es no dar escarmientos pues usted depende absolutamente de la buena voluntad de los lugareños. Pero él vive de acuerdo con un dictado interno que es mucho más poderoso que su política, el impulso de descargar su ira crónica sobre cualquiera que le irrite. Les ordena a todos los trabajadores ingresar al autobús. Luego dispara un proyectil sobre el vehículo que lo consume en una bola de fuego mientras todos los que están en su interior gritan hasta que ya no pueden hacerlo. Los hombres del comando observan aterrados. Ya nunca serán los mismos. Algunos encontrarán excusas para abandonar la lucha. Otros se convertirán en carniceros.

Usted es responsable de las acciones de su gente, de toda su gente. El pueblo creerá que usted apoya y dispensa a este combatiente rabioso. Sus enemigos utilizarán las atrocidades que él cometa para avivar las llamas de la opinión pública en contra de la revolución. Usted estará entregándoles la munición adecuada para que disparen a su corazón. Hombres y mujeres prudentes que simpatizaban con su causa se voltearán en su contra por el salvajismo de sus métodos. Aquellos en la barricada saltarán al campo enemigo.

Quizá usted me responda diciendo — ¡El gobierno siempre hace esto de todos modos! ¡Fabrican historias contra nosotros! ¡Infiltran provocadores para desacreditarnos!

Es cierto, pero en tal caso el gobierno miente y tal vez usted pueda probarlo. En cambio, si usted permite que su rabioso jefe de comando pierda el control de sus actos, el régimen ya no estará mintiendo. La verdad es una de las armas más poderosas. ¿Dejará usted de empuñarla?

No es difícil detectar a los rabiosos. Ellos vomitan veneno. Dicen que hay gente que no merece vivir. Deshumanizan al enemigo caracterizándole como inmundo y bestial. Quieren aplastarle y verle sufrir. También están los muy callados y misteriosamente reservados. No hablan. Miran con furia y mascullan las palabras. Pero si se les prueba con preguntas como qué harían si tuvieran autoridad o qué debería hacerse con los enemigos una vez lograda la victoria, los rabiosos revelarán su intención asesina, su deseo de herir, mutilar y matar. No para corregir males o crear una sociedad justa sino para satisfacer el mero deseo de destruir.

¿Qué se puede hacer con los rabiosos que se adhieren a la causa ya sea que se les invite o no a unirse? Por supuesto usted puede rechazar su apoyo. Echarles de su cuartel y decirles que jamás vuelvan a poner un pié en ninguno de sus campamentos. Quizá sea esto lo que usted haga. Tal vez sea todo lo que pueda hacer. Sin embargo, adoptar esta postura fuerte también puede tener su precio y es mejor que reserve los riesgos para combatir al régimen opresor. Detectar la patología de un hombre rabioso demanda algún tiempo. Para entonces, él sabrá cosas acerca de usted, su fuerza, sus zonas de operación. Puede volverse en su contra, señalar sus flancos débiles, exponer su posición y aun así, seguir actuando en su nombre. Si le expulsa, habrá agitado su ira ilimitada sin darle un lugar a donde ir excepto con el enemigo. Tampoco se puede estar eliminando hombres tan sólo por lo que pudieran llegar a hacer. Su revolución se convertiría rápidamente en algo tan opresivo como el régimen al que está combatiendo.

Existe otra posibilidad. Hay una oportunidad de que usted logre transformar esta rabia a través del crisol del amor. Vale la pena intentarlo. Pruebe poner su brazo sobre los hombros del individuo rabioso y mírele a los ojos. Explíquele que necesita a hombres como él pero no mientras están tan enojados como para destruirlo todo. Asígnele una misión que ayudará a la causa y a purificarle como guerrero. Ordénele ir a un hospital, orfanato o centro de rehabilitación y trabajar con niños que hayan sido víctimas de la guerra. No víctimas del gobierno sino víctimas de la guerra. De los actos de ambos lados. Así verá el precio que el pueblo paga debido a que usted decidió luchar. Comprenderá que ambos bandos contribuyen al sufrimiento. Que usted no está orgulloso del sufrimiento que provoca la revolución. Que su gran deseo es llevar a cabo la gran causa de un modo que debilite efectivamente el poder del enemigo pero que al mismo tiempo cause el menor sufrimiento posible.

Usted le asignará la tarea de aliviar este sufrimiento. Será un voluntario al servicio de los niños lisiados, de sus padres heridos y de sus abuelos, ayudándoles a atravesar este momento terrible de sus vidas. El rabioso experimentará una revolución interior que le permitirá volver a sentir compasión en vez de furia. Aprenderá que la revolución no debe producir sufrimiento innecesario aun cuando el enemigo no tenga estos mismos escrúpulos. Deberá aprender a no convertirse en alguien igual al enemigo. Recién entonces podrá regresar al campamento y enseñar a otros.

¿Pido demasiado? ¿Sueño? Todas las revoluciones se nutren de quimeras. Quizá usted pueda reemplazar las pesadillas del hombre rabioso por sueños. Al menos lo habrá intentado. Eso es lo que hacen los revolucionarios. A pesar de las bajas probabilidades, ellos intentan cuando otros desisten.

Salvación

Al enfrentar la tortura todos imploramos salvación. Suplicamos salvarnos de las leyes de la física, de las leyes de la psicología y finalmente, de las leyes de la moralidad que nos prohíben ceder ante el torturador incluso cuando rendirse es la única tabla de salvación.

Nguyen fue un gran admirador de la cultura francesa, de Montesquieu y Voltaire, de Lafayette y Danton, de los Jacobinos y de La Comuna de París, de Zola, Sartre y la Marsellesa.

Nguyen había caído en las manos de la inteligencia francesa. No le era posible ser cándido acerca de los franceses. La experiencia no se lo permitía. Pero tampoco podía reconciliar el espíritu de lo que una vez admiró en la cultura francesa con la brutalidad depravada que ahora le estaba aplastando.

Durante dos semanas permaneció en una celda oscura y fétida del tamaño de un armario pequeño. Abandonado a valerse como pudiera con las heces y la orina que depositaba en un rincón que dispuso al efecto. Le habían quitado sus ropas. No podía limpiarse el ano. Su cuerpo se cubrió con llagas por el roce contra la piedra áspera de la celda. Las fístulas se volvieron rojas, luego amarillas y finalmente empezaron a supurar. Se había iniciado el proceso de quebrantamiento sin que nadie le pusiera ni un solo dedo encima.

Luego comenzaron las golpizas.

Las golpizas mantienen un ritmo propio. Cada golpe es la unidad básica de medida. Treinta golpes a la cara, los riñones, la ingle. Parece una... ¿Una qué? ¿Una pesadilla? ¿Un día? ¿La hora que precede a la muerte?

¿Cómo se mide el tiempo entre las golpizas? ¿En unidades de agonía por los golpes recibidos? ¿En unidades de terror sabiendo que el respiro acabará pronto? ¿En unidades de esperanza e invocación al deseo de vivir?

¿Qué calendario se emplea para registrar una abrumadora serie de golpizas? ¿Acaso treinta noches de treinta golpes, sesenta descargas de electrici-

dad o cien inmersiones de la cabeza en un balde lleno de líquido constituyen un mes o una eternidad?

Nguyen pronto perdió la cuenta por cualquier método. El tiempo se convirtió en un enemigo que no marcaba sino un sufrimiento eterno. Él ya no pertenecía a una cultura que supiera de relojes, días de descanso y vacaciones. Había caído a través de una rasgadura en el entretejido de espacio-tiempo y se sostenía suspendido del mismo mediante una hebra retorcida.

¿Cuándo es que un ser humano comienza a perder la estructura que sostiene la integridad de su personalidad? ¿Cuando pierde el lenguaje para describir lo que le está sucediendo? ¿Cuando sus nervios pierden su conductividad pero jamás pueden descansar? ¿Es acaso cuando le obligan a observar a sus amigos tragarse la orina y partes de los genitales por su intransigencia a dar información?

¿Cómo se denomina al período en que las golpizas cesan sin aviso y sin modo de saber cuándo recomenzarán? Ese espacio de tiempo en que las heridas de la piel y los huesos rotos permanecen envueltos en vendajes harapientos. Cuando la mente no puede evitar pensar que si las golpizas continúan, uno ya no podrá soportarlas y revelará esa información que desea desesperadamente no haber poseído jamás. Esos momentos en que uno siente que su denominada capacidad de resistencia está tan perdida como sus dientes y su fe absurda.

Nguyen estaba entrenado para resistir pero nunca sospechó cuánto se le exigiría soportar. Tampoco se figuró que los rostros de los torturadores invadirían su mente con aquellas repugnantes sonrisas socarronas y miradas gélidas. No imaginó cómo retumbarían en sus oídos los gemidos casi orgásmicos que emitían los verdugos a medida que le golpeaban una y otra vez.

¿A quién odiaba más? ¿Al más cruel, al instigador de nariz aguileña y temperamento volcánico? ¿O a los otros que no eran hombres malos pero que deberían haber detenido al cabecilla y no lo hicieron, noche tras noche?

Esta noche en particular Nguyen yacía llorando sobre el piso de piedra. Estaba seguro de que mañana se quebraría. Había agotado todas sus reservas de fuerza y todo su orgullo. Mañana traicionaría a sus amigos y ya nunca estaría orgulloso de ser quien era. Lloriqueaba con respiros rápidos y breves pues ya no le quedaban fluidos suficientes como para llorar profusamente.

A la mañana siguiente los gallos cacarearon como siempre. Nguyen quedó libre sin mediar explicación alguna y tan repentinamente como cuando le apresaron. Casi tuvieron que empujarle hacia la calle que jamás esperó volver a ver. La luz diurna le encegueció. Caminó lastimosamente y a tientas. La libertad debería haberle enviado una gran ola de alivio a través de su cuerpo pero no fue así. El mundo que pisaba parecía esencialmente el mismo que había dejado y sin embargo, él sentía que había cambiado para siempre. El mundo sería eternamente un sitio donde el horror acecharía a la vuelta de cada esquina. Un horror al que Nguyen escapó por un margen tan estrecho como el filo de una navaja.

Una vez libres, quienes hemos sufrido tortura llegamos a reconocer que sólo existen dos tipos de salvaciones por las cuales rogar pues sólo éstas pueden marcar la diferencia.

Primero rogamos por no quedar destruidos, por no permitir que colapse el espíritu que nos sustentó, por ser capaces de renacer. Rogamos recuperarnos suficientemente como para volver a levantarnos por todo aquello en lo que recordamos creer.

Luego rogamos no transformarnos en un agente de revancha aunque lo sucedido clame que así sea. Rogamos sobrellevar la experiencia sufrida y retener el deseo de modelar nuestro destino. Rogamos para que nuestra vida resulte dirigida por la sed de justicia y no por la obsesión de venganza.

Nguyen rezaba mientras se alejaba del lugar de su agonía. Sus labios se movían como los de un demente. Era todo lo que podía hacer mientras caminaba arrastrando los pies. Desde luego, no podía saber qué día era.

INTERLUDIO:
Reflexión

Antes de comenzar con el capítulo siguiente, permítame decir algunas palabras acerca de los liderazgos revolucionarios que conocí personalmente.

El siglo XX fue muy difícil de entender en muchos aspectos. Nunca hubiera previsto que terminaría siendo como resultó.

Los líderes que surgieron fueron suficientemente grandes como para dejar su impronta en la historia. Pero no siempre fueron lo bastante magnos como para prevalecer sobre su propio poder.

Mi mayor sensación de confusión concierne a la figura de Vladimir Il-yich. La mayor parte del mundo le recuerda como Lenin pero en realidad él usó numerosos nombres.

V.I. fue un gigante. Tan eficazmente grande como para llegar a dominar sobre mi tierra madre: Rusia. Adecuadamente sobresaliente como para iniciar el último experimento político desarrollado en el mundo. Suficientemente notable como para que los revolucionarios del siglo entero le imitaran o le usaran como punto de partida para desarrollar variaciones del experimento ajustadas a las condiciones de sus respectivos países.

Pero también temo que V.I. hizo más que cualquier otro hombre de nuestro siglo para distorsionar la naturaleza de la revolución.

Pude observar de cerca a V.I. y siempre quedé atónito ante su intensidad e implacabilidad. Me parecía que eso era lo que necesitaba la revolución y que debíamos considerarnos afortunados de tener un líder con semejante temple, alguien que no sufría momentos de debilidad como el resto de nosotros.

Comencé a confundirme al ver que su falta de compasión se volvía, una y otra vez, en contra de sus propios camaradas, sus pares revolucionarios. Ellos también estaban entregando sus vidas a la creación de un mundo nuevo. Sus voces merecían ser oídas. Sin embargo, V.I. interpretaba que cualquier disenso con sus opiniones era un desafío a su autoridad. Escondía su ira detrás de frases revolucionarias. Hoy no tengo duda alguna que su insistencia vehemente para que otros siguieran sus directivas estaba orientada a preservar su poder personal.

No pude aclarar mi confusión hasta mucho tiempo después. Mi vida estaba demasiado envuelta en la causa. Era muy importante que yo creyese en el líder. Las voces en mi interior que protestaban contra tal o cual acción se exiliaban tras las fronteras de mi conciencia donde no podían interferir con mi compromiso.

Las personas que no estaban cerca de V.I. no percibían esto. Sin lugar a dudas, su personalidad pública era convincente. Yo a veces cumplía tareas de secretario (mejor dicho, mis deberes se asimilaban más precisamente a los de un mensajero o, si estuviésemos a bordo de un barco, a los de un mozo de cabina). Por esta razón yo veía aquello que otros desconocían. Personas que le consideraban su amigo jamás supieron que fue él quien firmó sus sentencias de muerte política. Cuando le escribían pidiendo indulgencia o reconsideración sobre la realidad de los hechos, pensaban que eran otros quienes impedían que sus cartas llegaran a V.I. Se negaban a creer en la posibilidad de que fuese el mismo V.I. quien rechazaba sus apelaciones.

Usted podrá decir que estoy dando demasiada importancia a lo personal cuando en realidad lo trascendente era la dialéctica histórica. Quizá tenga razón. Pero estos camaradas eran de su misma convicción ideológica. En algún lugar debe existir espacio para medir la lealtad y la justicia en función de las acciones individuales de una persona.

Lo que me conmovía más profundamente, algo que por aquel entonces también tuve que bloquear por completo, era descubrir que V.I. no estaba interesado en la evolución o mejora de las condiciones de vida del proletariado. De hecho, V.I. consideraba al progreso individual como algo incompatible con la revolución pues podría privarla del compromiso conjunto de todos los individuos. En la profundidad de mi conciencia, yo siempre supuse que estábamos luchando por mejorar el bienestar de las masas de trabajadores y campesinos. Sólo más tarde me resultó claro que V.I. estaba luchando exclusivamente por el poder. Él no mentía cuando decía que la cuestión de fondo era cambiar el lugar en donde residía el poder. Yo me preguntaba si era correcto hacerlo a expensas de la suerte de un pueblo que ya había sufrido tanto. Años más tarde pude comprender que la reubicación del poder, si se mantenía plenamente concentrado, no era el tipo de revolución que producía los resultados por los que estaba dispuesto a morir.

No obstante, la historia trató amablemente a V.I. y recargó la culpa de todos los abusos de poder sobre José Stalin o el Águila de Georgia como también supieron llamarle. Sin embargo, Stalin tuvo en Lenin a un muy buen maestro. Todo sucedió hace tanto tiempo que a veces temí haber inventado algunas de estas imágenes de V.I. que la historia no parecía confirmar. Luego leí con gran interés —jamás dejo de leer— que, después del desmembramiento de la Unión Soviética y con la posibilidad de acceder a ciertos archivos del Estado, quedaba demostrado que mi memoria no me había traicionado. Se revelaron todas las notas escritas por V.I. condenando a sus amigos y camaradas a trabajos forzados u ordenando la matanza de cientos de campesinos a modo de escarmiento por una u otra causa.

Sí, es posible que yo me haya vuelto blando. Pero los resultados hablan por sí mismos. Las revoluciones siguen el ejemplo establecido por sus líderes. Los órganos de gobierno se convierten en lo que sus líderes permiten o promueven. Quizá si V.I. hubiera usado todo su prestigio para sentar un ejemplo diferente de cómo utilizar el poder, el gran experimento al cual dimos nuestras vidas hubiera resultado un éxito perdurable en vez de la grave desilusión en la que se convirtió.

CAPITULO II:
Liderazgo revolucionario

Distinción entre lo personal y lo político

Ahora continuaré compartiendo con usted lo que creo haber aprendido. Discúlpeme si parezco pedante. Sólo tenga en cuenta mis ideas. Puede ser que algunas de ellas le resulten importantes.

Las revoluciones ocurren en nuestro ser interno mucho antes de que comencemos a lucharlas en el mundo exterior. Rara vez están consumadas en nuestro interior cuando empezamos a volcarlas hacia afuera. Para cada revolucionario se desarrollan a paso y modo diferente. Se inician con el desmoronamiento del conjunto de creencias que hacen de sostén al régimen opresor. Desde la convicción de que se trata de un orden natural que no puede subvertirse hasta la certeza de que uno jamás tendrá el poder necesario para derrocarlo.

La revolución interior es invisible. No sangra ni huele a nada. A veces, quienes están muy cerca de usted pueden percibirla en sus ojos, en su pensamiento taciturno, en las largas caminatas que realiza en soledad para ordenar sus ideas, en las horas que pasa en la cama despierto pero sin moverse. Puede ser muy gradual y llevar años o suceder en un instante, cuando las vendas que cubren sus ojos caen repentinamente ante un evento terrible.

A menudo una visión de destrucción invade la mente: la de destruir a un gobernante maligno, un sistema corrupto, un conjunto de reglas injustas impuestas brutalmente o el edificio que guarece a los perversos acólitos del régimen. Esta proyección de resarcimiento es muy fuerte y motivadora. También es muy peligrosa. Cuando todo en el pensamiento se concentra exclusivamente en aniquilar al mal, se corre el riesgo de enloquecer. Concurra a una institución de salud mental, observe a los internos y escuche lo que vociferan. Usualmente se refieren a poner fin a algo que ellos consideran malo o terrible. Cuando uno se obsesiona en terminar con algo, independientemente de lo maligno que ese algo sea, se pierde el contacto con el lado creativo y generativo de la vida.

Me agrada la palabra generativo. Se ha tornado importante para mí. Abarca la idea de traer algo nuevo al mundo, algo trascendente a uno mismo, un legado para la generación siguiente y por qué no, para la humanidad. Cuanto más se envejece, más importante resulta este concepto. En mi caso, como usted comprenderá, se ha vuelto capital.

Los revolucionarios deben mantenerse generativos pues si no, cuando finalmente alcanzan el poder, lo utilizan para impedir que sucedan cosas. Reprimen las visiones disidentes. Terminan con las prácticas culturales divergentes. De acuerdo a la naturaleza de su revolución, prohíben las expresiones religiosas o el secularismo. Esto no genera una revolución sino un desastre. Las fuerzas vitales pueden refrenarse por algún tiempo pero a la larga se rebelan. Su revolución pierde crédito y usted el poder. Todo lo hecho resulta en vano.

Poner fin a una condición perversa debe ser tan sólo una parte de todo lo que usted pretende lograr. La visión creativa del futuro es la que debe guiar sus decisiones difíciles y sus acciones. ¿Qué tipo de sociedad desea? ¿Qué valores, políticas e instituciones promoverán la justicia y engendrarán progreso y lealtad?

Todos los revolucionarios creen tener esta visión creativa. Le invito a verificar que usted la tiene. Asegúrese de que esta visión es verdaderamente dominante y de que no está subordinada a la obsesión de terminar con el viejo modelo. He visto a muchos revolucionarios engañarse a sí mismos. En el fondo, oculto en su subconsciente, lo que más desean es poner fin al régimen opresor. Hacen cualquier cosa para asegurarse de que el viejo modelo jamás regrese e incluso sacrifican su ideal del modelo nuevo.

Es legítimo terminar con algo siempre y cuando este algo sea un impedimento para aquello otro que se está intentando crear. Si se desean generar condiciones de vida comunitaria dignas, se puede poner fin al latifundio y luego crear modelos adecuados para que los grupos e individuos que quieran vivir y trabajar la tierra en comunidad puedan hacerlo. Esta secuencia y su intención funcionarán. Pero si su único objetivo es terminar con la propiedad individual, difícilmente la consecuencia resultará ser la creación de condiciones de vida decentes. El objetivo generativo debe predominar. En este punto estoy cerca de entrometerme en su filosofía política. No es mi intención. Lo que me importa es su enfoque y su estrategia.

Si las cosas que intenta suprimir o erradicar se convierten en las cuestiones centrales, usted también intentará impedir que sucedan otras cosas. Prohibirá que la gente piense, hable y actúe. Como no todos se someterán, usted encarcelará, fusilará o hará desaparecer a quienes rehúsen guardar silencio, olvidándose de que usted mismo alguna vez rehusó callarse. Usted se habrá convertido en aquello que no deseaba ser. ¿Cuántas revoluciones han hecho esto?

Tal vez el gobierno asesinó a su hermano. Quizá forzó a miles de compatriotas a abandonar sus tierras. La injusticia arde en su interior como un ácido. Esta es su herida personal, un eslabón importante en el trayecto que ha emprendido. Sin embargo, no es la meta final. El objetivo está más allá. Consiste en remediar las heridas y crear un porvenir. No es un resarcimiento por lo pasado. Siempre añorará a su hermano. Independientemente de lo que suceda con las fuerzas que le asesinaron, usted siempre le echará de menos. La huella de esta herida es una pena que le acompañará de por vida. A lo mejor encuentre consuelo en una esposa e hijos pero la cicatriz permanecerá para siempre. Recuerde que la revolución le pertenece al pueblo. Incluso quienes no sufrieron vejámenes compartirán sus beneficios. No busque curar su dolor personal a través de la revolución aunque tal vez algo así suceda. Su lucha es para remediar las penas de su pueblo.

Preste atención a las diferencias entre su interior y el exterior, entre lo personal y lo político, entre crear y aniquilar, entre el pasado y el futuro. La lucha se transforma en un hábito y los hábitos nos inducen a dejar de prestar atención. El verdadero revolucionario debe estar atento para no permitir que la revolución se eche a perder hasta el punto en que otros, en su exasperación, produzcan una contrarrevolución, desperdiciando así los años consagrados a la causa y la sangre derramada.

Preste atención a la revolución en su interior aun cuando su objetivo sea la revolución externa. Con el transcurso del tiempo usted se convertirá en un revolucionario cada vez más ferviente pues, en la vida que ha elegido, se produce un afianzamiento continuo de sus creencias revolucionarias. La razón que hace necesaria a la revolución es sólo una parte de la revolución interna. Si es el único pensamiento presente, entonces puede resultar peligroso.

La otra parte de la revolución interna es lograr una mejor comprensión de sí mismo. Usted es un instrumento de la revolución. ¿Está usted bien calibrado? Cada uno de nosotros es una integridad compleja. Su revolución puede acentuar el modo en que usted se forjó a través de la lucha de clases, el neocolonialismo o la fe de Alá. Esto constituye su sistema de convicciones primario. Usted debe usar este sistema para que le guíe, tan lejos como sea posible, en la compresión de su ser y su papel en el mundo. No obstante, le prevengo que aún queda la necesidad de comprender qué es aquello único en su identidad. Resulta claro que un líder revolucionario es muy diferente a otro aun cuando ambos provengan del mismo origen y compartan una visión similar del mundo. Del mismo modo, debe descubrir qué es lo que le diferencia a usted de cualquier otro revolucionario y cómo esa diferencia puede beneficiar o perjudicar a su causa.

Cualquiera que sea su causa, usted está luchando por el poder. La revolución interna debe prepararle para usar dicho poder con corrección. Esto no es un logro menor. Es uno de los desafíos más importantes en su desarrollo humano. Sólo algunos pocos líderes recorren el camino con éxito. Otros adquieren el poder y lo utilizan como una extensión de sus temores y deseos personales en perjuicio de la revolución.

Usted tiene un laboratorio maravilloso a su disposición: la mismísima revolución. Contémplese a sí mismo en cada una de las tantas situaciones diferentes que se le presentan. Observe como actúa y reacciona. Compárese con otros. ¿Quién usa el poder adquirido para servir al bien común? ¿Quién lo utiliza para su engrandecimiento personal? Advierta con cuidado qué diferencia sus comportamientos. Descubra qué es diferente entre el comportamiento de ellos y el suyo. Aprenda de ambas observaciones. A veces la virtud de uno es su perseverancia y la de otro es su discernimiento y sentido de justicia. Quizá pueda sintetizar estas virtudes en su propio ser y convertirse en un instrumento mejor y más balanceado.

Así como entrena para disparar mejor, también practique para ser un mejor líder a través del estudio de sí mismo y del reconocimiento de las diferencias entre lo personal y lo político dentro de su propia identidad. El Che estaba siempre examinándose a sí mismo. Era una de las actitudes que más me agradaban de su persona. Comentaré en extenso acerca del

Che más adelante. Por ahora, analícese a sí mismo y perfecciónese. Usted se convertirá en un ser humano mejor y si la revolución triunfa, también será una autoridad más digna de confianza.

Permítame relatarle otra historia. A todos nos agradan las historias. Desde el tiempo en que comenzamos a gatear y apenas podemos comprender el lenguaje, nos encanta escuchar cuentos. Le diré algo que usted no sabe aún: los cuentos siguen complaciéndonos cuando somos tan viejos como para volver a necesitar pañales. Creo que cuando llegue mi hora, me agradará dormirme escuchando a alguien relatarme una historia.

El mañana

La mano de José posaba sobre el gatillo. Delante de él estaba el amo blanco. Ese demonio que habitó la casa grande del prado durante tantos años mientras él y su familia vivieron hacinados en la deplorable parcela que le asignaron.

Éste era el amo que se había negado a conducirle al hospital cuando su mujer comenzó a tener problemas durante el trabajo de parto.

—Ella va a estar bien —dijo el amo—. Ustedes los cafres[3] son una raza fuerte.

Este era el amo cuyo sistema corrupto garantizaba que él no pudiera tener un automóvil propio. Que le hizo dependiente de la generosidad del amo, de su parecer y de su antojo. A juicio de José, aquella vez su mujer necesitaba atención médica inmediata.

—Esperaremos que transcurra la noche y mañana decidiremos si le llevamos o no al hospital —fue el designio del amo.

Su mujer no superó la noche. Ella y el bebé murieron en los brazos de las mujeres que le asistían. Gritando hasta que agotó sus fuerzas para gritar, sangrando hasta que ya no hubo mas sangre para derramar.

—Las mujeres a menudo mueren en los partos —proclamó el amo en la mañana— Eso es algo muy lamentable.

Por supuesto que las mujeres pueden morir al dar a luz, murmuró José internamente, por supuesto que lo hacen. Pero a veces, los maridos pueden salvarlas si disponen de automóviles y médicos.

Escuchó todos los alegatos hechos por el amo. Si el hombre blanco no estuviera aquí no existiría el hospital ni habría un automóvil para llevarla. Por lo tanto no existía falta de su parte. ¿Cómo podría haberla?

---

3   **Cafre**: Habitante de la antigua colonia inglesa de Cafrería en Sudáfrica. Ver Nota del Traductor al final de esta sección.

Sin embargo, el hombre blanco ha estado aquí durante más de cien años previniendo que ningún cafre reciba instrucción médica. El hombre blanco se ha asegurado de que tan solo uno de cada mil hombres negros sea capaz de conducir un automóvil. Toda la generosidad aparente ha sido para su propio beneficio. No ha habido una generosa coparticipación cultural, sólo la utilización de la cultura blanca para dominar a la cultura negra y aniquilarla cuando resulte conveniente.

Ahora todo era diferente. El prado estaba en llamas debido al alzamiento y él, José Nbule, estaba sentado con la pistola en su mano. El amo en cambio, yacía arrodillado con sus muñecas atadas, la sangre coagulándose sobre su cuero cabelludo y la horrenda herida todavía sangrando.

Durante más de cien años el pueblo del amo denegó a José y a sus ancestros el poder sobre sus vidas y sus tierras. Frustró todos sus intentos legales para recuperar una porción de ese poder. Los blancos fijaron la tapa de un barril de pólvora con clavos hasta que un clavo emitió una chispa que hizo explotar a todo el barril.

Ahora José estaba sentado con la pistola. No había nadie que pudiera evitar que la utilizara. Podía usarla a su antojo y así vengar a su mujer y a sus antepasados. Ni siquiera era necesario que tirase del gatillo. Podía tan sólo emplearla para mantener al amo donde estaba, lejos de un hospital. Podía retenerle allí mientras surgía la infección y las moscas comenzasen a desovar sus larvas sobre la carne putrefacta. Observarle hasta verle morir como su esposa murió por no tener acceso a un hospital. Por la decisión arbitraria de un hombre sobre otro hombre.

José consideró cómo sucederían los hechos. Vería al amo pasar a través de las etapas del grito, la súplica y el delirio de los dementes. Sentiría como el gran peso de su propia angustia pasaba al otro plato de la balanza equilibrando la historia. Escucharía a sus ancestros suspirar con alivio ante la venganza. La propuesta era convincente y parecía una demanda de satisfacción inevitable.

José levantó la pistola y la apuntó hacia el amo. Le miró a los ojos y vio su mirada llena de temor y odio. Le imaginó tendido en un charco de sangre regando su tierra.

El dedo de José se aprestó a disparar. Una vez más miró en el futuro. Se vio a sí mismo enterrando al amo en una tumba ignota de modo que no existiese prueba y que nunca pudiera haber castigo. En ese momento comprendió que el amo continuaría discriminándole, catalogándole como lo había hecho durante toda su vida pero esta vez, además como a un asesino.

Esto no era lo que José pretendía ser. De ahora en adelante él deseaba autodeterminar su destino. José había decidido definirse como un revolucionario, como alguien que transformaría a la sociedad conduciéndola desde la brutalidad hacia la justicia, desde el poder excluyente de los privilegiados hacia el poder incluyente de aquellos con conciencia social.

La guerra continuaba debatiéndose en su interior así como lo hacía afuera en el prado. Los tendones de su dedo, dominados por la adrenalina que fluía en su cuerpo y los impulsos nerviosos que bajaban desde su cerebro, continuaban aumentando la presión sobre el gatillo. Al llegar al punto de no retorno levantó su brazo hacia el firmamento, cerró sus ojos y dejo salir un grito que reverberó desde el pasado ancestral hasta el futuro lejano. Un porvenir que sólo sus hijos podrían presenciar.

—Yo no soy José —dijo a medida que la bala abría su paso hacia el cielo—. Ese fue el nombre que TÚ me diste. Yo soy para siempre jamás, Andele, el nombre que mis padres me dieron. Seguiré la senda esperanzadora de mi pueblo hacia la libertad. Nunca más me someteré al designio de tu gente. ¡Me he liberado de ti en lo más importante, en el interior de mis pensamientos!

Andele elevó su rostro hacia el sol brillante y danzó girando tres veces sobre sí mismo. La luz que bañaba al mundo se reflejó en sus ojos. Luego rió con una risa profunda y purificadora. Luego lloró con un llanto profundo y purificador. Una extraña paz le envolvió. Respiró en ella, inhalando y exhalando lentamente, con la convicción de que habría más en el lugar de donde provenía.

Luego se dispuso a brindar atención médica a aquel hombre.

Nota del Traductor:

El gentilicio cafre, utilizado por el amo blanco para denominar al pueblo de Andele, agrega a esta historia una riqueza especial para el lector latinoamericano. Etimológicamente, cafre es la castellanización de la voz árabe "kafir" que para los musulmanes significa infiel: alguien que no profesa la fe mahometana. Por extensión, los españoles incorporaron el vocablo cafre como sinónimo de incrédulo. Durante los siglos XVII y XVIII, los musulmanes también llamaban kafir a los pueblos infieles de raza negra que habitaban África meridional. Los geógrafos del imperio español denominaron Cafrería a toda esta región que se redujo gradualmente hasta limitarse a la antigua Cafrería Británica o British Kaffaria donde seguramente transcurre el relato de Élan. En la época colonial, los españoles y criollos de América denominaban cafres a los esclavos negros en general. Con el correr del tiempo, cafre se convirtió en un apelativo aplicado a toda persona o situación que encarnase lo opuesto a la civilización y cultura del imperio.

Actualmente cafre es un término popular en México, Centroamérica, Caribe y otros países de la región. En general se usa peyorativamente para referirse a alguien ignorante, tonto o que hace estupideces que pueden afectar la tranquilidad de la vida cotidiana o causar graves daños a los demás. En México denota específicamente a un conductor de automóvil irresponsable. En sentido más estricto, se emplea para indicar barbarismo, salvajismo, crueldad, brutalidad o rusticidad.

Cafre también fue el adjetivo aplicado por el régimen de Batista a los revolucionarios cubanos, circuló entre las elites de Puerto Rico en referencia a quienes se oponían a su anexión a Norteamérica y hoy en Venezuela, los intelectuales opositores a Hugo Chávez a veces denominan así a la clase empobrecida partidaria de la Revolución Bolivariana. Actualmente, en muchos países latinoamericanos existe una contracultura cafre o "rapera", fuertemente crítica de la cultura hegemónica y promotora de un sistema de valores alternativo.

El relato de Élan y las curiosidades de la etimología, unen al cafre sudafricano y al latinoamericano en un contexto de subdesarrollo impuesto por el amo de turno. El mensaje vigente en la historia narrada por Élan es que para ambos existe la esperanza de un mañana mejor.

¿Qué distingue a un buen ser humano?

Si consagra su vida a la revolución, usted debe preguntarse a sí mismo: ¿qué es lo que hace buena a una revolución? Antes de poder responder a esa pregunta, debe develar otro interrogante, ¿qué es lo que hace bueno a un ser humano? Algunos seres humanos crean regímenes opresivos. Otros producen revoluciones contrarias a estos regímenes. ¿Qué es lo que hace malos a unos y buenos a los otros?

Quizá usted crea saber la respuesta. Tal vez piense que es obvia. Puede rechazar mi línea de pensamiento y decir que el problema es el sistema corrupto y continuará siéndolo independientemente de los individuos que lo gobiernen. También, desde el otro extremo del espectro de argumentos, podrá sostener que el problema reside en los individuos corruptos gobernantes y que cuando se les sustituya se habrá resuelto la cuestión.

No confíe en ninguna de estas respuestas. La interacción entre sistemas e individuos es enormemente compleja. Si desea lograr una revolución exitosa, debe prestar atención a ambos elementos.

Su ideología revolucionaria ya le brinda interpretaciones acerca del sistema. Las críticas a los diversos modelos socioeconómicos, teocráticos y raciales maniqueístas, le permiten comprender lo que su pueblo ha sufrido y el propósito de su lucha. Usted ya puede suponer cuáles son mis tendencias y con qué modelos simpatizo mayormente. No obstante, yo no tengo interés en discutir sus ideas. Ya sea que al final estas demuestren ser correctas o no, en este momento son ciertas para usted e indudablemente tienen cierta validez como medio para entender el tiempo y el lugar de la historia en el que le ha tocado vivir.

Sin embargo deseo advertirle —y espero que usted permita a un anciano hacerlo— acerca de dos fuerzas antagónicas. De un lado, por más que usted se esfuerce en producir cambios, siempre subsiste algo del poder de la estructura cultural subyacente que sostuvo en su lugar al sistema que se pretende transformar. Del otro lado está el poder individual de los líderes revolucionarios que favorecen o resisten a estas fuerzas subyacentes determinando así la posibilidad de lograr o no una transformación real del sistema.

Por ejemplo, usted puede decir que un régimen es opresivo debido a sus terribles políticas impositivas y de posesión de tierras, de explotación laboral y represión de los aborígenes, de censura y policía secreta. Que un buen régimen establecería sistemas de impuestos justos y redistribuiría la tierra, que impulsaría a los gremios y respetaría los derechos de las minorías, que permitiría la libertad de expresión y sostendría tribunales justos con una policía honesta. Parece tan obvio.

¿Pero es así? ¿Qué sucede si su idea de impuestos justos difiere de la de quienes serán gravados? ¿Qué hacer si ellos eluden a sus recaudadores de impuestos, transfieren sus activos al exterior y ocultan sus rentas? Usted deberá implementar un mecanismo que impida estas acciones. ¿Cómo lo hará?

En principio empleará a personas para que recauden los impuestos, otorgándoles el poder para hacerlo y pagándoles un salario justo. ¿Qué sucederá si los contribuyentes corrompen a los recaudadores con sobornos que son cinco veces superiores al salario anual que usted les paga? Deberá imponer disciplina sobre sus recaudadores de impuestos y contratará a otras personas para que sean la policía que controla a los primeros, abonándoles también un salario justo. ¿Qué ocurrirá si los corruptos también sobornan a esta policía? ¿A quién recurrirá entonces?

Ya ve como sucede. Rápidamente se encontrará a sí mismo construyendo una maquinaria coercitiva que se parecerá en mucho al aparato represivo del antiguo régimen.

Crear el mundo nuevo por el cual usted lucha no es tan simple como usted imaginó. No sólo es cuestión de establecer políticas nuevas. La cuestión es modificar la cultura existente. Por definición, esto no sucede fácil ni rápidamente. No puede ordenarse que ocurra. Debe influirse para que acontezca.

Las personas que hoy ostentan el poder no hacen las cosas de un modo perverso simplemente porque son malvadas. Existe un sistema instalado que promueve lo que ellos hacen. Usted debe ser muy cuidadoso o ese sistema continuará corrompiendo a su propia gente para que también hagan las cosas del mismo modo. No es posible eliminar simplemente a todo aquel que pueda representar o sucumbir al sistema. Para gobernar, usted no puede usar las mismas herramientas que utilizó para ganar la revolución. La fuerza y la justicia sumaria no construirán una sociedad nueva. Construirán una GULAG[4]. ¿Qué hará entonces?

Evidentemente usted querrá ocupar todas las posiciones con gente buena que pueda servir como ejemplo del comportamiento que desea que otros observen. ¿Pero cómo se hace para que la gente sea buena? Bajo las circunstancias apropiadas, todos somos capaces de ser buenos o malos.

Necesitará estar personalmente en todas partes estableciendo el ejemplo. Deberá sentar el mejor ejemplo en lo más alto de su propia organización. Ante la primera sospecha de corrupción, deberá excluir del poder al corrupto, incluso si se tratase de su mejor amigo. Especialmente si tratase de su mejor amigo. Deberá aparecerse aquí y allá, imprevistamente, premiando los ejemplos de comportamiento justo y honrado; castigando los casos de holgazanería, indiferencia o concupiscencia. Necesitará crear las condiciones que recompensen verdaderamente las buenas acciones y a las buenas personas. Lenta, lentamente, creará una cultura en la cual este comportamiento fluya por sus venas. Recién entonces podrá crear las instituciones que sostengan a esta cultura y que no se corrompan.

¿Pero qué es una persona buena? ¿Es alguien que está de acuerdo con usted? Esa es una definición del bien muy arriesgada. ¿Qué es lo que hace de usted una persona buena o mala? Aquí enfrentamos una cuestión filosófica. Yo no soy un filósofo experto. Usted y yo somos filósofos inexpertos pero aun así pensamos acerca de estas cuestiones. Necesitamos pensar en ellas.

Yo creo que un buen ser humano es alguien que tolera a quienes son diferentes a él e intenta tratarles con justicia. No tolera a aquellos que

---

[4] **GULAG**: Acrónimo de la "Dirección General de Campos de Trabajo" establecida en la Unión Soviética para administrar el sistema penal destinado principal pero no excluyentemente a los prisioneros políticos. El término se introduce en occidente tras la publicación del libro «Archipiélago Gulag» (1973) de Aleksandr Solzhenitsyn (Premio Nóbel de Literatura, 1970) y hoy suele utilizarse para caracterizar a los mecanismos carcelarios de represión política aplicados por los gobiernos de cualquier Estado, como por ejemplo la *Gulag de Corea del Norte* y la *Gulag de Estados Unidos* (centros de detención extraterritoriales, secretos y clandestinos, operados por la CIA para sospechosos de terrorismo o 'combatientes ilegales').

oprimen u obligan a otras personas a ser iguales a ellos. Sí, tolerancia ante las diferencias, intolerancia ante la intimidación y el atropello, trato justo para todos. Esto es lo que distingue a un buen ser humano. Es lo que hace a una persona ser capaz de participar y sustentar una sociedad justa. Si esto suena demasiado liberal, lo lamento. También creo que es posible y necesario vivir de este modo aun siendo radical y revolucionario.

He concluido que la tolerancia es también un prerrequisito para el liderazgo positivo. Seguramente no es suficiente pero es una condición necesaria. No una tolerancia complaciente ante cada idea tonta o reaccionaria. Los líderes deben oponerse vigorosamente a estas ideas y promover enérgicamente visiones alternativas y más convincentes. Pero a la vez deben ser tolerantes al disenso pues si no, con el poder a su alcance, comienzan a volcarse hacia la autocracia y la brutalidad.

¿Cómo convertirse en un buen ser humano? ¡Demanda trabajo! Rara vez ocurre espontáneamente.

Como líder revolucionario usted debe rodearse con gente de toda edad, clase y convicción. Debe preguntarles acerca de sus ideas y descubrir sobre la marcha cómo difieren de las suyas. Debe intentar comprender cómo llegaron a esas conclusiones para permanecer abierto continuamente a concepciones nuevas o modos innovadores de acercarse a la gente con sus propias ideas. Es un error atemorizarse ante los conceptos nuevos aunque todos lo hacemos. Preste atención a las ideas que le conmueven y que usted resiste. Prestar atención le servirá para descubrir las novedades. Podrán parecerle ideas malas o peligrosas pero antes de rechazarlas, resulta sano examinar el por qué de su resistencia inicial a ellas.

A las personas que le rodean también debe preguntarles su opinión acerca de sus propias ideas. ¿Qué les ven de bueno o beneficioso? ¿Irrealista o negativo? Debe llegar a sentirse cómodo comprendiendo que el rechazo a sus ideas no es lo mismo que rechazarle a usted o a su liderazgo. Admita que usted puede estar equivocado independientemente de la adulación que le brinden sus seguidores. Siempre debe buscar la falibilidad de sus ideas, examinándolas para las situaciones en que no exista tiempo para probarlas. Debe convencer a estas personas de que usted está interesado en sus puntos de vista sinceros pues si no, ellas temerán hacerle enojar. Usted sólo les convencerá si aprecia honestamente lo que le dicen sin importar cuanto contradicen a aquello que le gustaría escuchar. ¡No use las opiniones en contra de ellos!

¿Dónde le ubica esto en su papel de revolucionario? Yo sugiero, si permite las sugerencias de un viejo camarada de armas que apenas las puede levantar, que le sitúa luchando una revolución en contra de aquellos que encarcelan, torturan y asesinan a las personas que discrepan o se oponen a ellos. Una vez que haya logrado liberar al pueblo de esta opresión, deberá influir en la cultura para vivir bajo un conjunto de valores nuevos: compasión, tolerancia, justicia, respeto por la vida. Esto sí será una revolución verdadera.

Deberá reconocer que existen muchas personas que ven las cosas de modo diferente al suyo y que usted también luchó por el derecho de ellas a vivir una realidad diferente. Sí, incluso en una revolución religiosa, usted deberá hacer esto o estará blasfemando en contra del Dios que creo toda esta diversidad.

Que gigante ha de ser la persona capaz de hacer esto. ¡Ellos no lucharon! ¡Ellos no lo arriesgaron todo! ¡Aun así, tienen el derecho de disentir!

¿Cómo se influye sobre toda una cultura? ¿Cómo se cambia una nación desarrollada en el nepotismo, el soborno y la corrupción para erradicar estos modos de comportamiento? ¿Cómo se modifica una larga experiencia de vida sirviendo a los amos? ¿Cómo se hace para no aceptar estas cosas como normales? Le espera una tarea enorme y el trabajo no puede comenzar recién cuando haya ganado la batalla. Debe empezar ahora y convertirse en un hábito para usted y aquellos que le rodean.

Todos los días tendrá oportunidad de demostrar las actitudes que pretende impregnar en la cultura. Cien ojos le observarán al tratar a la gente que le circunda. Cada vez que trate a los demás en modos consistentes con los valores de la revolución pero respetuoso de las diferencias que surgen de su condición humana, usted estará sembrando una semilla para la cultura nueva. Parece tan fácil, ¿no es cierto? Pues no lo es. Es muy difícil, muy difícil.

¿Cómo puede esperarse que se comporte de modo tan mesurado cuando usted está cansado, exhausto y al límite de sus fuerzas? ¡Es mucho más fácil renunciar a los modales y obstinarse en su idea! Usted tiene el poder, un arma en sus manos y el grado de comandante. Todo le otorga el poder. ¡Es tan fácil acometer con ira! ¡Hacer que el otro tiemble y haga la maldita cosa que se le ordena hacer!

Admitamos que resulta efectivo perder los estribos ocasionalmente. Permite a las otras personas darse cuenta de lo que verdaderamente nos interesa. Sería muy fácil comportarse de este modo a diario, en cada conversación. Luego, un día usted se preguntará por qué, después de haber ganado la batalla, se perdió la guerra que pretendía cambiar lo importante. La razón es que aquellos que le rodean creerán que los objetivos todavía se logran sólo mediante el uso de la fuerza. Se habrá sustituido un régimen intimidador por otro.

Permítame sugerirle que se arrodille todas las noches, extendiéndose sobre el suelo o adoptando una postura meditativa, en un gesto de gran humildad. En esa posición, revise mentalmente el día transcurrido y detecte cada instancia en la cual no se comportó como un modelo para la cultura que pretende establecer. Aplique su enorme fuerza de voluntad internamente, durante un breve lapso cada día. Realice un esfuerzo para aprender ante cada fracaso de su parte. La humildad es la única vacuna contra el abuso de poder. Y el poder es lo que usted está buscando.

¡La tarea de convertirse en un verdadero revolucionario es tan difícil como la de convertirse en un buen ser humano!

Líderes revolucionarios

Quizá usted lea esto siendo un líder revolucionario, tal vez no. ¿A quién le importa? De todos modos, usted es de importancia vital para la revolución.

Si usted no es un líder, también estará interesado en este capítulo pues desea saber reconocer y apoyar a los líderes capaces de llevar a cabo la revolución, sin ultrajarla ni traicionarla. Si usted es un líder, entonces querrá sobresalir en esta tarea.

Si usted es tan sólo un lector, posiblemente haya devorado libros clásicos acerca de la guerra y la revolución. Quizá leyó a Sun Tzu, Mao, Clausewitz, Che, Paine, Fanon y otros. Mi intención es agregar algo a esas lecturas que le resulte interesante y provechoso.

Asumiré que usted es un líder revolucionario y que como todos ellos, es presuntuoso. ¡Debe serlo! ¡Usted cree poder cambiar al mundo! ¡Yo soy aún más petulante! ¡Yo creo que puedo cambiar la naturaleza de la revolución! Compartamos nuestras vanidades y veamos qué podemos aprender que pueda resultar beneficioso.

Una buena pregunta para comenzar es: ¿Qué hace excepcional a un líder revolucionario? Todos los líderes revolucionarios exitosos desplazan o alteran la estructura de poder que decidieron derrocar. El líder excepcional es aquel que reemplaza esa estructura con un régimen más justo y competente. Ese es el resultado final de su labor. Luego cabe preguntarse: ¿Cuáles son las cualidades que permiten a un líder lograr semejante transformación?

Después de meditar largamente la cuestión, reduje las cualidades a siete pares o conjuntos de características. No puedo asegurar que ésta sea la mejor síntesis posible pero sí puedo garantizarle que cada par es importante, al punto que no es aceptable carecer notablemente de cualquiera de ellos.

Las cualidades de estos conjuntos están yuxtapuestas, una enfrentada a la otra, constituyendo una tensión creativa. Podría decirse que están en balance dinámico. Los pares son:

- Realismo y Visión
- Paciencia y Decisión
- Autoestima y Humildad
- Compasión y Pragmatismo
- Aprendizaje y Enseñanza
- Perseverancia y Flexibilidad
- Protagonismo y Renunciación

Como usted bien supone, he de explayarme acerca de cada uno de estos pares. Forma parte de la tarea que me he propuesto: darle consejos aunque usted no me los haya solicitado. Así que preste atención y fíjese qué puede aprender.

Realismo y Visión

Hasta cierto punto, quien carece de la condición de líder, transita por la vida en tinieblas. No construye una comprensión cristalina y definida del presente ni de cómo se llegó hasta él. Tampoco desarrolla una imagen clara de un futuro posible por el cual valga la pena luchar e incluso morir.

El líder fuerte ve la realidad. No se engaña a sí mismo. No imagina que la estructura de poder sea más débil de lo que realmente es, ni que el ejército opresor desertará a la primera instigación o que las potencias extranjeras afines a la revolución acudirán prestas a ayudarle cuando sus propios intereses así no lo exijan. Ve la realidad. Su capacidad de ver y describir la realidad objetivamente es lo que le motiva y fortalece.

El líder también visualiza lo que el futuro puede deparar. Su visión le resulta brillante y clara. A veces está dotado con la capacidad de hacerla igualmente lúcida para otras personas a través de la pasión y las imágenes que transmite en su discurso. No es una visión utópica. Las visiones utópicas fallan y decepcionan gravemente. No es tan elevada como para resultar inalcanzable pero sí es lo suficientemente noble como para que valga la pena luchar por ella. Es una visión que toma en cuenta las aspiraciones de vida de las personas a quienes sirve como líder. Son propuestas ideológicas expuestas al pueblo permitiendo que el pueblo las revise y remodele.

La brecha entre la realidad y esta visión representa el trayecto político, cultural, económico y espiritual a recorrer. Da origen a la estrategia que el líder empleará para transitar el camino. Aquí es cuando todo lo que ha leído le resultará útil, ayudándole a comprender los mecanismos resistentes al cambio revolucionario. Será su deber aplicar este conocimiento para planificar el recorrido que permita a su pueblo cruzar el abismo hacia una realidad mejor.

Paciencia y Decisión

El líder astuto sabe cuándo sofrenar su necesidad de actuar, cuándo respetar el don de la paciencia. La habilidad de esperar hasta el momento oportuno para actuar vale más que tres batallones o el control de varios medios de comunicación.

La paciencia es buena moderadora de la determinación personal para actuar. Reconoce que no podemos imponernos sobre el Universo. Sólo podemos estar atentos a momentos y lugares en los cuales se presentan oportunidades, aprovechándolas con toda la energía y el saber que aplicamos a la acción. Sin la debida paciencia, el líder asume riesgos inapropiados y luego depende de un aliado caprichoso: la suerte. Sin paciencia, el líder produce o causa sufrimiento excesivo, violando la adecuada proporcionalidad entre los fines y los medios.

El líder competente también reconoce cuándo es el momento de actuar y aplica los recursos con decisión. Comprende perfectamente las probabilidades y los riesgos. Sabe cual es la información útil para tomar o desechar una decisión y reconoce cuando esta resulta imposible de obtener. Reconoce la responsabilidad que le cabe por sus decisiones y las consecuencias de actuar sobre la base de un juicio erróneo. Consciente de todo esto, el líder no obstante actúa con la energía y la convicción necesaria para conducir toda la fuerza y el entusiasmo de aquéllos que le siguen en la acción. No titubea ni se anda con rodeos evitando así que otros duden en cuanto a si éste es el momento de arriesgar sus vidas y fortunas.

Estas dos cualidades, paciencia y decisión, deben ir de la mano aun cuando parezcan tan opuestas. El líder eficaz no se inclina demasiado en ninguna de estas direcciones y considera que una tendencia a hacerlo es un síntoma de que se está volviendo demasiado tímido o demasiado atrevido. Busca las oportunidades para restaurar el equilibrio manteniendo informada a su gente acerca de su modo de pensar para que no interpreten sus acciones como una vacilación y para que no pierdan el entusiasmo.

Autoestima y Humildad

El líder revolucionario obtiene su fuerza de un manantial profundo y personal. Si tiene éxito e incluso si no lo logra pero alcanza la condición de héroe, los historiadores escribirán libros intentando explicarle al mundo su personalidad. Es poco probable que alguien comprenda completamente el origen de su fuerza. Cuando el líder posee esta fuerza interior, la confianza en sí mismo le permite rodearse con hombres y mujeres fuertes que amplían su visión y multiplican su energía. No necesita a los subordinados serviles ni a los lacayos que suelen rodear a los líderes más débiles.

Esa misma fuente de autoestima le permite entender que ningún hombre es perfecto. Para servir al pueblo que depositó tantas esperanzas en su capacidad para usar el poder de manera correcta, debe hacer lo humanamente posible para entender sus propias debilidades y consentir que aquellos que le rodean las compensen. Esta es la humildad que engendra reverencia hacia un líder. Sólo ante esta humildad es admisible y seguro prestarle devoción.

Compasión y Pragmatismo

A excepción de un puñado de santos, en la motivación de los líderes existe por una parte, su preocupación por el pueblo al que sirven y por la otra, la búsqueda de admiración y poder. Así como en una receta que necesita tanto de azúcar como de sal, esto no es un problema si se mezclan en las proporciones adecuadas. Un gran líder revolucionario siempre incluirá en esta mixtura una gran proporción de compasión.

Ésta no será una compasión teórica por el pueblo como conjunto sino una compasión entrañable por cada criatura, mujer y hombre en particular, por cada familia, poblado y minoría. Cuando detecta que comienza a perder esa conexión visceral, el líder compasivo vuelve a mezclarse con el pueblo y reconectarse con la esencia de la revolución. No se permite estar ajeno a ese pueblo al cual sirve. ¡Usted no podrá creer lo fácil que es perder presencia mientras nos engañamos a nosotros mismos creyendo que conocemos al pueblo! Para evitar algo así, es necesario un acto consciente que permita incorporar el hábito de salir de los reductos del poder y romper con la rutina.

La compasión del líder no es dulce ni suculenta. Tampoco es pletórica de pensamientos caritativos. La compasión del líder es pragmática y se expresa de manera sensata mediante actos de sentido común para ayudar oportunamente a las personas que lo necesitan. Habrá veces en las que escuchará al líder echar una maldición dirigida a aquellos a su alrededor que están siendo indolentes ante los padecimientos ajenos. Habrá ocasiones en que, como dicen en mi país de adopción, pateará el trasero de sus colaboradores para lograr que los suministros de auxilio se entreguen a los necesitados sin importar los obstáculos. El líder eficaz entregará ayuda real y no promesas.

Aprendizaje y Enseñanza

La curiosidad es una condición necesaria para el aprendizaje. ¿Por qué otras revoluciones han triunfado o fracasado? ¿Es válido el conocimiento convencional que se tiene acerca de ellas o es acaso una comprensión demasiado superficial? ¿Por qué los pueblos oprimidos son renuentes a levantarse en contra del régimen opresor? ¿A qué temen más que al régimen? ¿Por qué me comporté del modo en que lo hice durante la reunión de hoy del Consejo Revolucionario? ¿Es esta razón toda la cuestión o no? Curiosidad, curiosidad, curiosidad. Esa es la impronta del líder capaz de crecer continuamente a lo largo de su vida.

Una vez que se instala la curiosidad, los métodos de aprendizaje cobran importancia. Algunos líderes aprenden leyendo libros de historia, economía o sociología. Tal vez usted no. En tal caso puede suceder que desarrolle un menosprecio defensivo respecto a quienes leen demasiado. Esta es una reacción malsana y peligrosa para un revolucionario. Reconozca que las personas aprenden de modos diversos. Puede ser que a usted le resulte más productivo mantener charlas con quienes disfrutan de la lectura y discutir con ellos acerca de los sucesos e historias que están estudiando. Posiblemente usted sea una persona que aprenda escuchando. Quizá usted aprenda mejor a través de la visualización o la práctica y entonces es conveniente que los demás le expliquen sus ideas mediante diagramas, modelos, reconocimientos del terreno y otros métodos directos. La cuestión esencial es respetar el aprendizaje. Los hombres que adquieren mucho poder pero que tienen poco deseo o capacidad de aprender son los más peligrosos sobre la tierra. Aprenda en todo momento. Aprenda de sus comandantes, de su ayudante de campo, de su cocinero, de su enemigo. La vida es una gran escuela.

A medida que aprende, también debe enseñar. No se trata de impartir una enseñanza complicada ni tampoco de charlatanería o extensas arengas revolucionarias. ¡Jamás dejé de maldecir cómo este estilo de enseñanza se transformó en una moda para los líderes revolucionarios de mi época! Hablar, hablar y hablar. ¡Las personas aprenden a pararse firmes y simulan estar prestando atención, mientras sus mentes permanecen en blanco o se distraen pensando en un picnic en la ribera!

Estas arengas son una práctica peligrosa pues el líder llega a creer que toda verdad emana de su ser, que él es el astro central e indispensable. ¡Esta es la peor idea que un líder revolucionario puede elaborar acerca de su función! Primero y ante todo, él es un servidor del pueblo. ¡Sí, ciertamente tiene un poco de profeta! ¡Pero cuidado, la línea que separa el considerarse a sí mismo un profeta o un Dios es muy delgada!

Mejor analice cómo brindar un aprendizaje verdadero. La mejor manera de aprender es a través del ejemplo. Si al crecer veo a un hombre cuidar a sus hijos y a su familia, aprendo qué es ser un hombre bueno. Si crezco viendo hombres sentados en la vereda apostando su dinero en riñas de gallos mientras sus hijos sufren hambre, aprendo a ser un hombre malo.

Siendo un líder revolucionario, el pueblo contempla sus acciones y sus obras, observa aquello que usted recompensa o castiga, mira cómo utiliza su tiempo y en qué invierte el dinero, percibe como trata a la gente. Estas son las cosas a partir de las cuales el pueblo aprende verdaderamente y no a partir de sus interminables discursos.

El líder revolucionario enseña comprendiendo que todo lo que decide o hace sirve como ejemplo. Educa valiéndose de los sucesos diarios que permitan concentrar la atención de quienes le rodean sobre lo que es importante y correcto. Instruye aprovechando las oportunidades de denunciar los viejos modos de pensar. No hace esto para humillar a sus colaboradores sino para ayudarles a ver cómo llevan aún en sí mismos las viejas costumbres y cómo pueden aprender a pensar y comportarse de un modo nuevo.

Perseverancia y Flexibilidad

Pienso en cada par de cualidades como si fuera una yunta de bueyes. Empujan juntas para lograr que el trabajo se realice. La siguiente pareja de atributos presentes en el líder revolucionario sobresaliente, comienza con la disciplina, la autodisciplina. Esto es muy difícil, al menos para mí. Tal vez sea uno de los motivos por los cuales no llegué a ser un líder. ¿Quién lo sabe? Siempre es difícil juzgarse a sí mismo.

Ningún líder necesita ser perfectamente autodisciplinado. Los pocos que he visto casi perfectos, también eran casi inhumanos y resultaban perjudiciales para quienes les rodeaban. Muchas veces la perfección es innecesaria y también indeseable.

Sin embargo, un gran líder posee una buena dosis de autodisciplina. Es un profesional y se comporta como tal. Sabe que las personas cuentan con su presencia, que anhelan verle donde se le necesite y que debe ser consistente con lo que esperan de él (aparte de algunas sorpresas que sirvan para mantener a todo el mundo alerta). Tiene suficiente dominio sobre sí mismo como para hacer estas cosas aun cuando no siente ganas de hacerlas o añora estar en otra parte.

La mejor prueba de autodisciplina es la perseverancia. Cuando otros se dan por vencidos y están a punto de sucumbir, el líder encuentra la virtud de la perseverancia en su interior y continúa luchando y arriando a sus camaradas. Cuando la tormenta se cierne sobre ellos y las oportunidades de éxito se desvanecen, el líder mantiene la convicción de que la causa prevalecerá, de que se superarán las más calamitosas predicciones y de que se materializarán los dignos frutos de su formidable esfuerzo. A pesar de que repetidamente, año tras año, el líder ha logrado avanzar hasta cierto punto para luego verse obligado a retroceder, al año siguiente intentará una nueva estrategia para volver a ganar la posición e incluso progresar. No pierde de vista el objetivo, no se desvía del camino en busca de venganzas o por causa de la fatiga. El líder persevera aun cuando los mismos dioses de la justicia parecen desistir.

El contrapeso de una perseverancia inagotable es la flexibilidad. Todos los años durante los cuales el líder se mantiene firme e inquebrantable no le arrebatan su capacidad de ser flexible cuando llega el momento de serlo. Su probada firmeza le otorga el derecho de mostrar flexibilidad cuando juzga que esto será lo mejor para servir a la causa, sin que los demás interpreten esta flexibilidad como una entrega o una traición. Aunque quienes le rodean duden que sea posible confiar en el enemigo, el líder persiste en la búsqueda de una maniobra que ofrezca al enemigo una posibilidad para negociar con dignidad. Si bien él ha descrito y caracterizado los vicios del enemigo durante décadas, también reconoce el momento en que los intereses de ambos lados coinciden, haciendo que la negociación resulte posible.

Al mantener esta amplitud de criterio, actitud y estrategia, no desperdicia el trabajo de toda una vida. En cambio, comprende qué es lo mejor que puede lograr para su pueblo. Como un pugilista que ha atravesado quince asaltos sin poner fuera de combate a su oponente, no desespera pues sabe que aún puede ganar por puntos. Eso es lo mejor que puede lograr y además servirá para alzarse con la victoria.

Protagonismo y Renunciación

Para ganar la guerra el líder necesitó una enorme confianza en sí mismo. Aunque buscó y aceptó las opiniones, inquietudes y saber de otras personas, él se apoyó sobre su instinto, juicio y resolución para superar las situaciones más temibles.

El líder ya ha ganado la guerra. ¿Continuará apelando a esta seguridad en sí mismo para construir sobre ella su gobierno? ¿Persistirá en aquello que condujo la revolución hasta la victoria? Parecería ser que esto es lo correcto, sin embargo, querido líder revolucionario, esto es lo peor que usted puede hacer.

En la victoria reside su mayor peligro. El pueblo le adulará. Hará lo que usted quiera. Le presionará para que construya instituciones de gobierno en torno a su persona. Usted parecerá ser el único aglutinante que puede mantener a la revolución y a todas sus facciones unidas. Usted corre el riesgo de sucumbir a estas fuerzas y de convertirse en la última cosa que deseaba llegar a ser.

Seguramente es necesario que usted continúe liderando por cierto tiempo. Pero esto será lo que he denominado el liderazgo de renunciación. Confieso haber inventado esta expresión pues no conozco otra que abarque al concepto suficientemente bien. Ante cada uno de sus actos, toda decisión política o la creación de cualquier institución de gobierno, debe preguntarse a sí mismo si esto conduce a que la nación dependa menos de usted. Sólo debe seguir adelante si la respuesta es positiva.

Si toma decisiones que mantienen al pueblo dependiendo de su persona, entonces esta llevando al país hacia una próxima revolución o guerra civil. Incluso si usted usa su poder solamente para el bien del pueblo, el hecho de retener el mando durante veinte años hace que el pueblo permanezca ignorante en cuanto al mejor modo de conducir una transición de gobierno. Además, existen pocas oportunidades de que usted continúe usando el poder correctamente durante un período tan largo. Le invito a recorrer la historia de sus colegas revolucionarios del siglo pasado y sacar sus propias conclusiones.

Aunque a sus compatriotas les cause gran ansiedad, usted debe programar su propia transmisión del poder prácticamente desde el principio. Para hacer esto, debe sustentarse sobre dos visiones: una personal y otra nacional. Resulta más fácil trabajar para llegar a una visión positiva que esforzarse para alejarse de una negativa.

La primera visión es personal. Usted debe llegar a verse realmente libre de las responsabilidades y privilegios que acompañan al poder. Debe imaginarse a sí mismo retirado definitivamente, en su finca o en su modesta casa aldeana, con un conjunto completo de cosas diferentes a su alrededor que otorguen significado y placer a su vida: sus hijos y nietos, sus proyectos literarios, el cuidado del jardín, la pintura o la música, buenos amigos, obras humanitarias a las que dedica su prestigio y energía. En fin, de todo excepto política.

La segunda visión comprende a su país. Usted debe visualizar claramente en su mente un proceso de sucesión ordenado. Sólo un proceso semejante proveerá la estabilidad que su país necesitará en el futuro. Debe estar preparado para ver a sus sucesores tropezar en sus esfuerzos mientras usted permanece de brazos cruzados, señalando los errores pero sin intervenir para corregirlos. Usted siempre estará disponible cuando quienes le sucedan busquen consejo pero jamás envilecerá el reconocimiento que aún le profesan haciendo juicios presuntuosos que socaven su autoestima y la confianza.

¡Pues ahí están! ¡Ese es el conjunto de bueyes que llevarán a su revolución hasta una victoria genuina! ¡Sí, sé que parezco un predicador! ¡Tal vez usted ya me considere un anciano insoportable! No obstante, permítame decirle que si su causa es suficientemente importante como para fomentar una revolución, también es importante que usted, como líder, conozca sus fortalezas y debilidades. ¡No de vueltas intentando zafarse del anzuelo! Evalúese a sí mismo como evaluaría la calidad de las tropas a su disposición. Enfréntese a sí mismo con la determinación y el coraje con que enfrenta al enemigo. Luego desarrolle un plan de ataque y ajústese al mismo.

He aquí lo que debe hacer. Ubique estas cualidades en orden, desde su mejor fortaleza hasta su peor debilidad. Esto le brindará claridad y la posibilidad de aprovechar sus fortalezas. Luego comience a trabajar para superar sus debilidades así como lo haría un profesional o un atleta de alta competencia que toma su carrera con seriedad. ¡Sin duda usted debe tomar su carrera tan seriamente como un atleta! Hay mucho más en juego que una competencia olímpica.

Sugiero que todos los cuadros de mando realicen este mismo ejercicio. La manera de ser de la comandancia determina la personalidad de la revolución. ¡En honor a todas las personas que han muerto y que morirán por la revolución, cerciórese que el sello de su revolución valga la pena!

Seguidores revolucionarios

Ha llegado el momento de dirigirme a usted, al seguidor de ese líder a quien hasta ahora le he estado hablando.

Hasta cierto punto, a usted le preocupa atender los asuntos de su vida personal. Está bien que así sea. Usted tiene hijos a quienes alimentar o una novia a quien complacer. Tiene padres ancianos que requieren de su ayuda o cultivos que necesitan cosecharse. Aspira a mejorar su vida, aunque sea un poco. Cualquier distracción en sus deberes puede conducirle al desastre. Sin embargo, la revolución sucede hoy y exige de su energía ahora.

Usted tiene gran confianza en su líder y él cuenta con usted. Usted no desea decepcionarlo. Usted pronto dejará atrás a su madre y a su padre. El líder se ha convertido en algo así como un padre. Le ha ensañado tanto. Él cree en usted y en lo que usted es capaz de hacer. El líder le brinda la esperanza de una vida mejor para sus hijos. Le ofrece su dignidad y la posibilidad de liberarse de la humillación que el régimen opresivo le impone. En su afán por no decepcionar al líder, usted acepta hacer cosas que de otro modo no haría o que no creería poder hacer. Usted y sus camaradas son parte de aquello que hace grande al líder pues están dispuestos a seguirle y lograr en su nombre cosas imposibles.

Usted ve al líder como a un salvador, casi como a un dios. Pero también observa que es vulnerable. Puede tornarse taciturno y deprimido. Puede cansarse. Puede sufrir rabietas. Puede enfermarse y desatender sus deberes. Su esposa puede abandonarle y él puede serle infiel. Puede beber en exceso o privarse de beber y jamás relajarse.

Su dios —perdón—, su líder es invaluable para su causa. Es un elemento de cohesión. Encarna todas las esperanzas que usted no se atrevió a soñar en su ausencia. Convence a personas que se consideran enemigos naturales entre sí y les alinea en contra del enemigo común. Cautiva la imaginación de la gente y muchos desean secretamente que tenga éxito aunque no se atreven a admitirlo en público. Personas poderosas, avergonzadas ante su propia inoperancia, hacen con el líder alianzas secretas al ver los sacrificios que está dispuesto a realizar. Contribuyen con parte de su fortuna o reputación y acompañan a este líder que pone en riesgo la vida. Confían en el líder y él se afana en continuar mereciendo su confianza pues si no el apoyo se caería como una casita de naipes ante un portazo dado con furia. ¿Cómo puede usted ayudar al líder a mantenerse íntegro cuando está sometido a tanta presión interna y externa?

Para empezar, es mejor que comience por abandonar esa necedad de creerle dios. Sé que eso lo dije yo y no usted pero si usted admite mis palabras sin protestar, entonces las mismas ponen en evidencia lo que usted siente por el líder aunque no se atreva a expresarlo. Si esto es así, usted está acompañando al líder hacia la derrota. Él no es un dios y jamás lo será. Por lo tanto, no necesita adoradores a su alrededor. Necesita camaradas. Necesita amigos, aunque no se permita tenerlos. El líder necesita personas que no esperen de él cosas imposibles y que no le digan que es mejor de lo que realmente es.

Seguramente el líder necesita lealtad. Lealtad a él y a la verdad. No sacrifique una en perjuicio de la otra. No es lealtad dejarle creer lo que desea creer. Lealtad es mirarle a los ojos y decirle lo que uno piensa aunque pudiera enfurecerse. Ese es el único modo en que puede ayudarle a protegerse de la enfermedad de los poderosos. Usted ya sabe, esa enfermedad que lleva al líder a creer erróneamente que todo lo que él piensa es verdad. Creer que está bien vestido cuando en realidad está desnudo como un mono.

Si usted le dice la verdad, el líder quizá repruebe todos sus argumentos y destroce su amor propio. No obstante, le valorará como alguien a quien puede recurrir cuando necesite escuchar otro punto de vista. Es mejor si usted no le permite alzarle la voz en demasía pues esto es algo que se convierte fácilmente en un mal hábito. Hace que otros a su alrededor se intimiden y no entreguen lo mejor de sí mismos. Haga que su líder comprenda este punto. Dígale que nada le da el derecho de tratar a las personas de mal modo. Que guarde su furia para cuando los intereses del pueblo están en juego y no para amedrentar a alguien con el propósito de hacerle aceptar su modo de ver y hacer. ¡Si en verdad pretende una revolución genuina, es mejor que deje de actuar como un maldito tirano!

¡También preste atención a cómo usted contribuye con el humor del líder! Hay muchas maneras de hacerlo. Usted no es responsable por el estado emocional del líder pero sí es responsable de ofrecerle un apoyo suficientemente bueno como para que su temperamento no termine destruyéndole inútilmente.

Ahora permítame decirle algo que parecerá muy extraño. El líder necesita tomarse vacaciones. ¿Quién ha escuchado alguna vez que un revolucionario se tome vacaciones? ¡Ese es claramente un concepto burgués! Sin embargo, él necesita vacaciones, aunque sea unas pequeñas vacaciones. Puede ser algo tan simple como sacarle de su tienda y llevarle al río para que se dé un chapuzón y cambie el ritmo. Ofrecerle una caña de pescar. Vestirle de incógnito y hacer los arreglos para que concurra a un partido de fútbol, a una celebración religiosa o a un museo de antigüedades. Cualquier cosa que quiebre la severidad con la cual se despierta y acuesta cada día.

Manténgale en contacto con tanta gente como su seguridad personal lo admita. No permita que se aísle del pueblo en cuyo nombre actúa. No consienta que se convierta en un defensor teórico del pueblo mientras maltrata y abusa de sus colaboradores de carne y hueso.

Dígale que esta dispuesto a seguirle hasta el fin del mundo pero deje en claro que no se arrojará a un abismo por su causa. Que tampoco permitirá que él se arroje, al menos sin intentar evitarlo.

Este asunto de la revolución es más difícil de lo que muchas personas creen. Por un lado otorga sentido a la vida de todos los involucrados en ella. La persona que adquiere un sentido profundo acerca de su vida, es afortunada. La mayor parte de la gente transcurre su vida matando el tiempo mientras el tiempo les va matando. Alguien que halla el sentido de su vida a través del arte, el descubrimiento científico o el servicio caritativo hacia terceros, se siente diez veces más viva. Sólo un gran amor puede competir con este sentimiento. A veces pasamos períodos de la vida en los que vivimos esta sensación y luego los recordamos como épocas doradas. Quienes son bastante afortunados como para comprometerse con la acción revolucionaria, con un nuevo comienzo para su pueblo, viven la vida de este modo.

Vivir de este modo se paga caro, muy caro. Los líderes están bajo enorme presión. Todos los días deben tomar decisiones que tienen consecuencias mayores a las decisiones que toman la mayoría de las personas a lo largo de su vida. Sus decisiones resultarán en que el pueblo tenga alimento o pase hambre, que alguien viva o muera, que el gobierno reprima masivamente o no, que la revolución consiga aliados o permanezca aislada, que se corrompa o mantenga pura.

Al igual que usted, a menudo los líderes soportan enormes dificultades personales. Están ausentes cuando sus hijos pequeños les necesitan, ven a su hermano pudrirse en una celda sin poder liberarlo, no pueden ir a sus hogares ni a los de sus amigos pues están vigilados, sus padres son condenados al ostracismo debido a las actividades del hijo y viven sus últimos años en triste aislamiento.

La salud del líder, como la suya, sufre descuido. No puede ni quiere recibir la atención médica necesaria pues la misma no está disponible o no es segura. Con frecuencia cambia de paradero para evitar a los informadores y los espías sin encontrar un lugar donde descansar. Ropas abrigadas y secas son lujos con los que no puede contar. El agua que bebe puede ser mala. Las lastimaduras y las heridas sanan por sí solas mientras continúa con su hacer diario. No hay tiempo para descansar y recibir un tratamiento adecuado. Por supuesto, esto no es muy diferente de la experiencia del pueblo por el que está luchando.

Usted debe mitigar estas tribulaciones hasta donde pueda hacerlo. No subestime el efecto que hasta una precaria atención médica pueda tener. Cuando un médico viajante alivió los juanetes en los pies de Abraham Lincoln, se produjo una notable diferencia en su aspecto que siempre parecía tan deprimido después de una guerra larga y sangrienta y una cadena de tragedias familiares. El Che sufría mucho cuando no tenía acceso a sus medicinas para el asma.

Para soportar las dificultades con garbo se necesita una personalidad alegre. A menudo los líderes revolucionarios no nacen con esta predisposición. Si lo hicieran, quizá no habrían desarrollado la indignación suficiente como para iniciar una revolución. Por eso, frecuentemente transitan sobre una delgada frontera entre la acción positiva y la depresión. Si sucumben a la depresión, la revolución puede pasar meses dormida y luego irrumpir con acciones espasmódicas. El líder que no soporta la depresión se protege detrás de un accionar frenético, disparando en muchas direcciones, de modo ineficaz y a veces cruel. Nada de esto favorece a la causa.

Por lo tanto, no subestime su papel en la mitigación de estas dificultades. No permita que el oso gruñón se aísle. Inclúyale en el placer de un juego de naipes con camaradas. Acérquele a la fogata cuando el trovador comience a cantar. Si en su grupo hay un biólogo, pídale que explique prácticamente la asombrosa complejidad de la naturaleza de modo que la mente de todos, incluyendo la del líder, se mantengan abiertas y estimuladas.

Mi punto es que, así como la vida es una pelea, también debe ser una celebración. Si la vida se deteriora como para ser una permanente batalla, entonces todas las interacciones entre personas son vistas como confrontaciones. Esto justificará cualquier tipo de acción y su revolución fracasará. Una revolución exitosa debe honrar la vida, regocijarse en ella y luchar contra las fuerzas que la hacen innecesariamente triste. Por lo tanto, la revolución no debe convertirse en algo sombrío aun cuando las enormes tensiones que actúan sobre sus líderes tiendan a hacerlo.

Usted es uno de los pocos que están cercanos al líder. Además de combatir a su lado, también debe ayudarle en su revolución interna. Usted es valiente y bien intencionado. Su líder confía en usted. Use esa confianza para hacerle hacer cosas que le permitan comportarse como un buen ser humano. Existe mucha sabiduría en el desenfado de la gente común. El intelecto y la ambición de los líderes a menudo rechazan esto. Pero si usted pone el poder de la vida y de la muerte en sus manos, es muy peligroso que ellos pierdan contacto con los actos simples que le permiten a la gente vivir en armonía. Incluya un componente de placeres simples en la dieta revolucionaria. No pida permiso para hacer esto. Nunca se lo concederán. Simplemente hágalo, aplicando el amor a su líder para persuadirlo a participar.

Hace tiempo que no cuento una historia. Es hora de hacerlo.

Celebración

Aquel era un día de profundo pesar para Ahmed. Deseaba que jamás hubiera llegado. Ya había concluido las plegarias y aseado su arma como hacía todas las mañanas. El mensajero arribó mientras bebía el café amargo del campamento.

—Mi Emir, le hemos capturado —anunció el mensajero.

Ahmed no necesitó preguntar a quién habían capturado. Sabía que el mensajero se refería a su primo Mustafá.

Aún así, Ahmed preguntó — ¿Dónde le hallaron?

—Estaba escondiéndose en una cueva, a mitad de camino del campamento enemigo —respondió el mensajero.

Ahmed continuó interrogando — ¿Dónde está ahora?

—Le estamos conduciendo de regreso hasta aquí —contestó el mensajero. Luego agregó— El grupo llegará esta tarde, mi Emir.

—Has hecho bien —dijo Ahmed, ocultando su agobio al mensajero. Luego le despachó diciendo— Ve y refréscate.

Mustafá había sido el favorito de Ahmed. Se habían criado juntos como hermanos. Mustafá era tan valiente como el más bizarro combatiente de la resistencia. En varias ocasiones había arriesgado su vida para salvar a sus camaradas y todo el mundo reconocía su coraje. Esta deserción nunca debió ocurrir. Pero sucedió. Ahora Ahmed —el Emir, el guía— debía liderar sin mostrar favoritismos.

Mustafá había dado muestras de descontento durante varias semanas. Cuando Ahmed le interrogó, Mustafá no disimuló su disconformidad. Ya no estaba seguro de que estuvieran haciendo lo correcto. Pensaba que quizá deberían haber aceptado el acuerdo ofrecido por el enemigo. La matanza ya había durado demasiado tiempo y todos estaban muy cansados.

Ahmed le ordenó a Mustafá que descansara durante algunos días, esperando que esto restaurara su actitud. Hubiera preferido darle licencia para que regresara por algún tiempo a su hogar pero eso era demasiado peligroso. Todas sus casas estaban bajo vigilancia y varios refugios habían caído en las redadas del mes pasado.

Mustafá desapareció del campamento al tercer día de su permiso de descanso. Se dio la alarma y se le buscó por todas partes. No se encontraron ni rastros de él. Ahmed conocía esta señal. Algo se había quebrado en Mustafá y ahora estaba disponiéndose a hacer su propia tregua con el enemigo. Ahmed sabía el provecho que el enemigo obtendría de esto y no podía permitir que se efectivizara el acuerdo.

Ahmed ordenó que se formase un grupo de búsqueda. El grupo debería dirigirse hacía el campamento principal del enemigo, a tres días de caminata hacia el sur. Les dio caballos y al mejor rastreador.

El grupo halló al prófugo durante el tercer día. Mustafá no intentó resistirse. Se sentó y lloró por un rato. Luego se levantó y comenzó a caminar de regreso junto a sus captores.

Ahmed meditaba mientras aguardaba la inminente llegada de Mustafá. Desde que comandaba la resistencia se habían sufrido cuatro deserciones hacia las líneas del enemigo. En tres ocasiones ordenó fusilar al desertor. El cuarto era un muchacho de trece años y por lo tanto todos comprendieron que le diera otra oportunidad. No podía otorgarle a Mustafá otra oportunidad.

Repentinamente una voz interrumpió sus pensamientos.

Tres de sus más confiables lugartenientes, detenidos ante la entrada de su tienda, le solicitaban —Emir, deseamos hablar contigo.

—Pasen y hablen —respondió Ahmed sin demostrar el sobresalto con que salió de su cavilación.

—Yo hablaré por el grupo —dijo Khalil, el mayor—. Hemos discutido la cuestión y concluimos que no es conveniente que tú te sientes a juzgar a tu primo. Decidir entre la lealtad a tu familia y la lealtad a la resistencia es una carga demasiado grande sobre ti. Nosotros juzgaremos a Mustafá. Evaluaremos sus faltas y sus logros, determinaremos si es culpable y luego decidiremos el castigo.

Ahmed se sentó en silencio por un momento y luego respondió con una voz que denotaba la presencia de una gran pena cubierta con una frágil piel de valor y deber.

—Ustedes son seguidores leales —dijo Ahmed— y debo agradecerles por su preocupación. Pero es mi responsabilidad soportar el peso del mando y enfrentar este juicio. No puedo esquivar mi responsabilidad.

Khalil asintió con la cabeza comprendiendo al líder pero luego sentenció con firmeza —Admiramos enormemente tu deseo de sobrellevar la carga del mando aunque la misma pueda quebrar tu espalda. Sin embargo, en esta ocasión, no estamos aquí para pedir tu consentimiento a nuestra decisión. Estamos aquí ejerciendo nuestra responsabilidad como tus segundos principales y cumpliendo con el deber de liberarte de esta carga, sin avergonzarte. Escucharemos el caso de Mustafá y emitiremos nuestro juicio.

Por un instante, un rayo violento atravesó el cuerpo y la mente de Ahmed. Se activó en su interior la respuesta instintiva del líder ante una amenaza a su liderazgo. Podía oír en su mente el tronar de los cuernos de dos carneros batiéndose por el dominio del rebaño. ¡Primero Mustafá y ahora esto!

Luego, tan imprevistamente como en el instante previo, otro rayo recorrió su cuerpo. Un rayo de alivio y gratitud. Alguien estaba compartiendo el gran peso del liderazgo con él. En este caso, un peso insoportable.

—Eres sabio en tu decisión —dijo Ahmed mirando a Khalil—. Seguiré tu consejo.

—Tenemos una decisión más que te incumbe —agregó Khalil manteniendo el tono firme pero respetuoso—. Mañana, después de la plegaria vespertina, después de juzgar y ejecutar la sentencia que le corresponda a Mustafá, mantendremos un encuentro con todos los miembros del campamento. Será una reunión con música, danza y certámenes. Como aún no conocemos nuestra sentencia, no sabemos si el encuentro será una celebración o un duelo. Eso no importa. Todos necesitamos liberar nuestros corazones de la pena impuesta sobre ellos. La reunión nos ayudará a hacerlo.

Dos noches después de esta conversación, los montes reverberaban con el batir de los tambores de cuero de cabra. Si usted hubiera estado en el lugar adecuado para observar, habría visto a muchos hombres girando frenéticamente en torno a las pequeñas fogatas, proyectando sombras enormes sobre las laderas de las montañas. Se habían hecho preparativos para levantar y mudar el campamento antes del amanecer pues el fuego y el bullicio seguramente delatarían su posición. Pero esa noche había una gran oleada de energía emanando del vórtice de hombres cantando. Era una enorme liberación de las tensiones acumuladas durante meses de resistencia.

Pudo verse a Ahmed volteando tan rápido y tan violentamente como cualquiera de sus camaradas. Levantaba a sus compañeros sobre sus hombros y giraba con ellos. Estos a su vez, aferrándole de las muñecas, giraban como un volantín haciéndole despegar del suelo tal cual un aeroplano. Entrecruzaban sus brazos y marcaban el paso en torno a la fogata, primero hacia la izquierda y luego hacia la derecha. El sudor brotaba en sus frentes dejando surcos en zigzag a lo largo de sus rostros cubiertos de polvo. Las lenguas de fuego danzaban en sus ojos así como ellos bailaban en su fulgor.

La voz de Ahmed podía escucharse por sobre los cantos. A veces surgía de la profundidad de su pecho. Otras veces parecía un gemido nacido en su garganta. Pero siempre era una voz plena y apremiante, que invocaba a un oyente invisible, seduciéndole a escuchar mediante su fuerza, belleza y vehemencia. Ahmed cantó hasta que su voz no fue más que un suspiro y la noche llegó a su fin.

Si usted hubiera sido un observador, antes del amanecer se habría preguntado a si mismo si aquella reunión había sido un duelo o una celebración.

Preparándose para gobernar

A continuación platicaré acerca de prepararse para gobernar. Tal vez crea que estoy demente al plantear este asunto a esta altura de los acontecimientos. Probablemente usted controla una fracción insignificante del país o goza del apoyo de una pequeña minoría de la población. Está convencido de que su atención debe concentrarse en organizar las regiones rurales y luchar las batallas del presente. Yo no estoy tan seguro de que así sea. Permítame decirle por qué.

Liderar una revolución parece difícil y es difícil. Pero espere y verá. Nada es tan arduo como gobernar. Posiblemente usted rezongue al escucharme decir esto. Aparenta ser un argumento muy tonto. Cuando gobierne dispondrá de todos los recursos. En cambio ahora es tan sólo un sucio mendigo. ¿Qué puede ser más difícil?

Aquí yace la trampa. Todas las culturas son complejas. Las culturas relativamente más avanzadas en términos económicos y tecnológicos son increíblemente complejas. Las personas que viven en ellas pierden conciencia de su complejidad. Actos simples, como el de adquirir alimentos en el hipermercado de un centro urbano, requieren una infraestructura subyacente de tal magnitud que usted quedaría perplejo si pudiera apreciarla íntegramente. Habitualmente subestimamos por un factor de diez el grado de complejidad de todo aquello que demanda mantener en funcionamiento nuestra civilización en su nivel actual de desarrollo.

Vivir en los montes u ocultarse en los límites de la civilización puede hacer que estos mecanismos parezcan engañosamente más simples de lo que realmente son. Pero cuando se es responsable de gobernar un país en el que millones de personas demandan alimento, vestido, vivienda y transporte; resulta necesario comprender todo lo que está involucrado en el complejo sistema de vida de sus habitantes.

Demasiado a menudo los revolucionarios dedican cada pizca de su energía en sobrevivir, ganar la batalla e instruir acerca de los dogmas revolucionarios tanto a los reclutas como a la población. Un día amanecen y se encuentran en el poder. ¿Qué hacen entonces? Parece simple.

Se mantienen fieles a sus principios. Se deshacen de todos aquellos que condujeron el viejo régimen. Les reemplazan por personas leales, aquellas que lucharon por la revolución. ¿Con qué frecuencia esto funciona bien? ¿Con qué frecuencia las ruedas de la producción comienzan rápidamente a rechinar para luego detenerse? Increíblemente, después de un par de años, el pueblo se encuentra con menos alimento, vestido y empleo del que tenía antes. ¿Cómo llega a suceder esto? La razón es que los revolucionarios victoriosos se libraron de las personas que comprendían la increíble complejidad de la economía.

También puede ocurrir lo opuesto. Los revolucionarios triunfan. Tal vez, al final hacen un acuerdo para evitar la última resistencia organizada a la revolución. Llegan al poder y reconociendo su escasa experiencia de gobierno, retienen a los tecnócratas del antiguo régimen para estabilizar la situación. Nada cambia. No hay mayor justicia, no mejora la distribución de la riqueza, no disminuye la corrupción. El pueblo se vuelve cínico ante esta nueva traición.

La alternativa a estos escenarios es prepararse para gobernar antes de llegar al poder. Éste es un concepto importante por muchas razones. La primera, fácilmente apreciable, es que refuerza la visión de que algún día se alcanzará la victoria. Ya he mencionado esto anteriormente. La visión es un arma poderosa. Precede a una nueva realidad.

Otra razón es que prepararse para gobernar le desafía a usted y a sus seguidores a crecer. El desarrollo personal será necesario para hacer un buen uso del poder cuando se lo hayan arrebatado a quienes hoy lo utilizan vilmente. Que usted actualmente se encuentre del lado de los justos no implica que, cuando llegue su turno, pertenecerá al grupo de los capaces. Lamento decirle que esta es una realidad que le conviene enfrentar ahora.

Usted debe trabajar con ahínco para desarrollar habilidades que quizá no le son innatas. Al hacerlo, establecerá diálogos con personas que están involucradas en estas cuestiones y que las comprenden adecuadamente. Hasta podría suceder que, al prepararse para gobernar, usted construya alianzas de gobernabilidad que no demanden una guerra fraticida. Tal vez todo cambie lo suficiente como para que resulte sensato pensar en compartir el poder en vez de continuar luchando para conquistarlo. Sus opciones aumentan. Sin duda existe el peligro de que usted termine siendo asimilado por el sistema. La revolución está llena de amenazas y sin embargo, hasta ahora nada le ha impedido asumir los riesgos.

La preparación para gobernar trae otro beneficio importante. Cuando enfrenta las complejidades de ejercer el gobierno, usted se vuelve menos despectivo acerca de quienes le precedieron. Al ser menos arrogante, no será tan cáustico en su juicio sobre otras personas y es menos probable que resulte excesivamente punitivo sobre ellas. Es mejor convertirse en constructor de la nación en lugar de tratar de ser juez y verdugo.

El último y quizás más importante beneficio es que usted se siente más seguro cuanto mejor preparado está para gobernar. Puede rodearse de personas competentes sin sentirse amenazado por su capacidad. Le permite tolerar errores, los suyos y los ajenos, sin volverse paranoico acerca de actividades contrarrevolucionarias. Le ayuda a tomar más medidas correctas que incorrectas y a comportarse con mayor calma cuando debe corregir decisiones erróneas.

Así como hoy siente que su deber es luchar por el pueblo, también debe considerar como un deber actual prepararse a sí mismo y a sus colaboradores para gobernar. ¿Cómo hacerlo? Permita que su imaginación le guíe. Existen cientos de modos. Lo importante es que lo haga. Probablemente usted ya está haciendo algunas cosas al respecto pues reconoce la necesidad. Haga más. Nunca es suficiente.

Por ejemplo, usted le asigna a un equipo la tarea de confeccionar informes acerca de cada uno de los subsistemas principales que mantienen la actividad de la sociedad actual. Les solicita una descripción detallada de cómo funcionan, de la diversidad de entidades formales e informales que los componen y de los procesos que se llevan a cabo. Les pide hacer recomendaciones en cuanto a cómo simplificar y mejorar estos subsistemas sobre la base de los valores que guían a la revolución. ¿Cuáles son las opciones para hacer que cada subsistema resulte más justo, sensible y honesto preservando al mismo tiempo y como mínimo, una productividad semejante a la obtenida actualmente? Si el sistema debiese eliminarse por completo, ¿cómo se suplirán las demandas legítimas que hoy satisface? Al hacer esto, usted desarrolla fuentes de saber y experiencia a las que podrá apelar cuando llegue el momento.

Tal vez reclute personas eruditas para que le instruyan a usted y a sus colaboradores. Sí, para hacerle regresar a la escuela y para ayudarle a aprender cosas que usted ni siquiera supone desconocer. No me refiero a adoctrinamiento político, aunque esto podría ser importante para reforzar la identidad del movimiento. Me refiero a entrenamiento en el ejercicio del gobierno. Así sabrá lo suficiente acerca de cada área como para hacer las preguntas apropiadas, designar a los administradores adecuados y apoyar los procedimientos correctos que involucren a las personas en la toma de decisiones eficaces.

Quizá, al igual que muchos grupos revolucionarios, usted establece un gabinete en la sombra con proyección de futuro. Así practica la conducción del país de todos los días. Piensa acerca de las situaciones informadas por los medios de prensa y lo que realmente sabe de ellas. Determina qué información adicional necesitará para comprenderlas. Analiza los cambios que introduciría en conformidad con sus principios revolucionarios. Calcula el impacto probable de estos cambios y evalúa otras opciones en caso de que el resultado no sea el deseado.

Como quiera que haga esto, usted debe llegar a comprender cómo funcionan los subsistemas principales aunque parezcan tan imperfectos e injustos. Sólo puede reorganizarlos exitosamente si los comprende en toda su complejidad.

Tal vez el sistema judicial apeste. Por lo tanto usted lo elimina completamente y establece cortes revolucionarias. Si estas cortes no cuentan con las salvaguardas que les prevengan convertirse en tan injustas hacia los grupos étnicos como lo es el sistema legal vigente, sólo servirán para desacreditar a la revolución. ¿Pero quién ha realizado el trabajo de base para asegurar que el sistema legal revolucionario funcione, evitando las fallas que hicieron del viejo sistema una letrina? ¿Acaso cree que puede establecer un sistema nuevo por decreto? Si es así, usted ya está sustituyendo un régimen autoritario por otro. Para que el sistema funcione cuando llegue el momento de actuar, son necesarias la discusión, la divulgación, la educación, la planificación, la prueba y la puesta a punto.

Las cuestiones financieras y económicas son todavía más espinosas. Usted tiene muchos enemigos que desearán verle fracasar en este campo para así poder retomar el control. Es un tema complejo. Tal vez los sistemas financieros estén hechos intencionalmente complicados por aquellos mezquinos que no quieren que el pueblo sea capaz de comprender las maneras en que se le está estafando.

No obstante, existen ciertas premisas fundamentales que deben comprenderse. El pueblo debe mantener la confianza en el sistema monetario para que lo utilicen en la adquisición y provisión de los bienes y servicios necesarios. Para lograr esto, debe haber suficiente dinero en circulación como para facilitar el intercambio de bienes y servicios. Al mismo tiempo, la moneda circulante debe mantener su valor de modo que la gente pueda hacer predicciones racionales acerca de su futuro. Usted debe aprender lo suficiente como para que sus decisiones respalden estos fundamentos.

Usted podrá decir que todo esto no es un pensamiento revolucionario sino manifestaciones del status quo presentadas como consejos revolucionarios. Tal vez lo sean. Yo le digo que se tome su tiempo para entender el sistema existente antes de actuar para desmantelarlo. Puede haber partes del mismo que deban resguardarse, al menos por un tiempo, ya sea para eliminarlas luego o para integrarlas al nuevo modelo. Busque al máximo en este camino antes de actuar, no después. Si no logra comprender la complejidad del sistema, usted traerá más y no menos miseria cuando llegue al poder. Si soslaya este aprendizaje puede llegar a comprender con muchísima rapidez que el pueblo valora el orden y el precio del pan antes que los ideales revolucionarios. Su ineptitud para gobernar hará que las personas se alejen de usted y de todo aquello a lo que dedicó su vida.

Si usted no se prepara para gobernar quizá acumule tanto poder como el Presidente Mao y luego cometa errores tan graves como los que él cometió con el Gran Salto Adelante. Es una pena enorme pues hubo un tiempo en que Mao tomó el saber con seriedad e hizo lo posible para instruirse. Luego rechazó el estudio y llegó a convencerse de su propia omnisciencia. Antes del Gran Salto Adelante, esta iniciativa terriblemente concebida, China se autoabastecía de alimento. Después, decenas de millones de personas murieron de hambruna. ¿Cómo ocurrió esto? Por la ignorancia del Presidente Mao combinada con su poder casi absoluto. Confundió el deseo revolucionario con la competitividad. Por lo tanto ordenó a todos construir hornos de fundición en sus aldeas para superar la capacidad de producción de acero de Inglaterra mientras que aglutinó sus granjas en gigantescas colectividades tipo fábrica. No consideró seriamente la necesidad de entender la enorme complejidad implícita en la transformación de una economía agraria en industrial.

¿Cuál fue el resultado? ¡Usted conoce las consecuencias! Millones de personas que deberían haber estado sembrando y atendiendo sus campos fueron desviados a proyectos industriales, incluyendo la construcción y operación de hornos de fundición hogareños, sin que importase la calidad de su producción. ¿De dónde habrían de obtener el mineral para producir acero? No importaba. ¡Esto era la revolución! ¡Tomaron sus trastes para cocinar y comer fundiéndolos para producir lingotes! ¿El resultado? ¡Millones de hogares despojados de utensilios funcionales y reemplazados por lingotes de acero de baja calidad que demostraban el poder de la revolución del pueblo para producir acero! ¿Y la consecuencia más importante? Hambruna debido a los años de descuido de sus cultivos y abandono masivo de sus campos de trabajo.

Así retornamos a una cuestión conocida. Su intención y su deber es mejorar la vida del pueblo, no empeorarla. El hecho de que usted esté comprometido a mejorar las condiciones de vida de su pueblo no significa que sepa hacerlo. Usted debe aprender cómo. Para hacerlo, debe entender qué sostiene la vida de las personas en los niveles actuales de existencia como así también qué la perjudica. Recién entonces puede usar la fuerza de la revolución para experimentar con los modos de mejorar estas cosas.

Será mejor que todos sus cuadros partidarios aprendan las disciplinas básicas. Unos pocos en lo más alto no son suficientes. Se transformarán en elites. Además, ustedes son revolucionarios. Quién vivirá y quién morirá, está aún por verse. Quién se mantendrá fiel y quien renunciará o traicionará a la causa, no es cosa cierta. Quién probará ser confiable en el uso del poder y quién lo distorsionará, es algo aún no revelado.

Usted no puede esperar. Al unísono, debe prepararse para ganar la batalla que luchará mañana y la que deberá ganar el año próximo o en una década. Usted lidera la revolución y se está preparando para conducir los destinos del país, está mandando sobre lo que le corresponde mandar hoy y se está capacitando para gobernar aquello sobre lo que quiere ejercer poder.

Por lo tanto limpie su rifle y luego concurra a clase. Usted debe convertirse en aquello que espera que el mundo se convierta. Trabaje sobre eso hoy, pues el presente es de lo único que dispone con certeza para tratar de garantizar el futuro.

El Buen Rey Alfredo

Es hora de relatar otra historia. Las noches son largas y la gente necesita narraciones entretenidas. Las personas recuerdan una buena historia. Se la cuentan a otros. La transmiten a sus hijos.

En esta ocasión le narraré una historia real. La historia de un hombre. Se refiere al Rey Alfredo, el único soberano de Inglaterra con el privilegio se ser denominado El Grande y el único en merecerlo. Se le conocía igualmente como el Buen Rey Alfredo y también fue el único merecedor de ese título. Imagínese, en más de mil años de reyes y reinas, el único que fuera considerado bueno y grande a la vez. La suya debió ser una vida que vale la pena analizar.

Con seguridad resulta extraño que en un libro acerca de la revolución se exalten las virtudes de un rey. Parecerá que me he cruzado del lado del poder establecido. Pronto verá que éste no es el caso en modo alguno. Al igual que usted, Alfredo se ocultó en los pantanos y los bosques para evadir a un ejército enviado con el fin de aniquilarle. Como usted, dependió del apoyo directo del pueblo para sobrevivir y mantener su paradero en secreto. ¿Cómo sucedió que un rey se escondiera en una ciénaga mientras era perseguido? ¿Qué es lo que le convirtió en bueno y en grande?

Piense en un hombre muy joven, de veintidós años, reciente e imprevistamente ascendido al trono de su antiguo reino, hace más de mil años. Era el menor de cinco hermanos y padecía, al igual que el Che, de una enfermedad crónica y penosa. Cuando niño, era descabellado pensar que alguna vez conduciría a su pueblo. Sin embargo, la incertidumbre que le acompañó toda la vida determinó que sus cuatro hermanos mayores y su padre murieran en un lapso de pocos años, empujándole hacia un aciago destino.

Su padre, el Rey Ethelwulf, le educó bien. Como todos ustedes saben, quienes tienen poder luchan para conquistar más poder, ubicando sus deseos insaciables por sobre las necesidades de su pueblo. El padre de Alfredo en cambio, con previsión y sabiduría, elaboró meticulosos esquemas de distribución de sus propiedades y títulos entre sus hijos para morigerar esta maldición de la naturaleza humana. Cuando su hijo mayor murió, distribu-

yó nuevamente con cuidado el poder y la propiedad entre sus hijos sobrevivientes y luego se embarcó en una travesía hacia lo que por entonces eran los Reinos Gálicos, Francos y la mismísima Roma. Llevó consigo a su hijo menor Alfredo, permitiéndole conocer culturas más avanzadas que la propia y sembrando en él la semilla de una visión acerca de lo que su tierra podría llegar a ser.

Mientras viajaban, el mayor de sus hijos vivos, Ethelbald, conspiró para arrebatarle el trono. Al regresar de sus viajes con Alfredo, en vez de hundir a su reino en las miserias de la guerra civil, negoció con gran templaza un acuerdo con su hijo rebelde bajo el cual todas las partes podrían convivir.

Fue mucho mejor así pues, por aquellos tiempos, Ethelwulf y sus hijos no podían permitirse drenar sus energías en una contienda interna. Los vikingos, invasores venidos de más allá del Mar del Norte, estaban por alterar sus vidas para siempre. Los daneses habían comenzado a enviar a sus jóvenes como tropas de asalto sobre las Islas Británicas. Al principio sólo eran expediciones de verano aunque bastante letales. Los invasores, jóvenes feroces empeñados en probarse a si mismos y en comenzar a hacer fortuna, saqueaban y asesinaban a medida que incursionaban tierra adentro, desde la costa oriental de las islas. Sus víctimas demostraban estar mal organizadas y ser fáciles de abatir.

Envalentonados por la facilidad de los asaltos, los vikingos pronto enviaron una fuerza de gran magnitud. Cuando inflingieron su golpe sobre el vecino reino de Mercia, al norte de Wessex, su rey le solicitó ayuda a Ethelwulf. El Rey Ethelwulf cabalgó hacia Mercia llevando a su hijo menor a su lado. Así fue como Alfredo conoció tempranamente la temible fuerza guerrera de los vikingos.

El resultado de las batallas no era concluyente y los vikingos venían e iban a su antojo mientras que los sajones hacían lo posible para repelerlos de Mercia y Wessex. En otras regiones de Inglaterra, los vikingos estaban ganando más y más terreno. La vida se vivía con la mente puesta permanentemente sobre la siniestra perspectiva de una dominación vikinga. Ante esta fuerza tan efectiva, el pueblo de Inglaterra estaba en grave peligro de perder su independencia, su tierra, su cultura anglosajona, su religión cristiana y su lengua inglesa. Fue durante este período crucial cuando el padre de Alfredo y sus hermanos mayores murieron.

Alfredo no pudo acceder al trono en peor momento. Se estaba produciendo un cambio evidente. Un segundo ejército vikingo había desembarcado, pertrechado como para quedarse en Inglaterra por años, con una evidente intención de conquista. Inglaterra no era aún un país unificado sino un conjunto de reinos independientes. El primer ejército vikingo ya había conquistado o impuesto tributo a la mayor parte de estos reinos y ahora los invasores podían concentrarse sobre los que aún se mantenían libres. Habían capturado y descuartizado públicamente a uno de sus reyes en un acto calculado y diseñado para infundir terror a cualquiera que pretendiera resistírseles.

Así que aquí tenemos a un mozalbete de veintidós años, responsable de la supervivencia de su país y su cultura, privado de todo el apoyo familiar con el cual creció, afligido por una enfermedad misteriosa que le incapacitaba periódicamente con dolores muy agudos, enfrentado a un enemigo brutal ante el cual varios de sus reyes vecinos ya habían sucumbido. Un enemigo que amenazaba descuartizar brutalmente a cualquiera que se atreviese a resistir y fracasase en el intento. Los hombres de Alfredo estaban exhaustos y enfrentaban a un ejército nuevo y descansado.

Como si la amenaza externa no fuera suficiente, los hijos de uno de sus hermanos, Ethlred, estaban impugnando la potestad de Alfredo a regir partes del reino sobre los que consideraban tener derechos. Alfredo necesitaba urgentemente a su alrededor hombres dispuestos a luchar, hombres que trabajasen la tierra y hombres que conservasen lo que quedaba de su cultura. Necesitaba encontrar modos de suministrarles comida, bebida, vestido, refugio, armas y recompensas. Necesitaba sostener su moral suficientemente alta para la tarea, transformar sus dudas en confianza y detener el contagio de desesperanza y pánico. Usted seguramente reconoce estos elementos y comprende la necesidad desesperada de Alfredo de hacer frente a todos ellos. No se sorprenderá al saber que él sufría silenciosas dudas acerca de su capacidad de liderar bajo estas circunstancias difíciles.

Un mes después de asumir la responsabilidad que le correspondía como rey, Alfredo sostuvo una batalla campal contra dos ejércitos vikingos. El resultado fue nuevamente incierto. Alfredo concluyó que no podría prevalecer militarmente en aquel momento y los vikingos comprendieron que no podrían derrotarle fácilmente. Por lo tanto, Alfredo ofreció a los vikingos pagarles un tributo monetario para que abandonasen Wessex y ellos lo aceptaron por el momento. Su aliado en la frontera norte, el Rey de Mercia, hizo lo mismo.

Los invasores no cumplieron el acuerdo. Por lo menos dos veces en un par de años, volvieron a amenazar al reino. Alfredo nuevamente eligió sobornarles mediante un tributo financiero pero también negoció que cada una de las partes dejase rehenes de alto rango con la otra parte para garantizar su palabra. Alfredo necesitaba desesperadamente tiempo para fortalecer su posición.

En 878, a los seis años de comenzar el reinado de Alfredo, los vikingos lanzaron una tercera invasión en violación al acuerdo. Con la intención de capturar a Alfredo, quien se había convertido en la columna vertebral de la resistencia organizada a su dominio sobre las Islas Británicas, atacaron sorpresivamente el sitio donde la corte celebraba la Navidad. Tal vez porque eran las fiestas navideñas, quizá porque era improbable sufrir un ataque en la época invernal, acaso porque depositó demasiada confianza en el armisticio y el valor de la vida de los rehenes garantes, lo cierto es que Alfredo por primera vez fue sorprendido completamente desprevenido y apenas tuvo unos minutos para evadir la captura.

Mil años atrás Inglaterra aún contaba con grandes extensiones de territorio virgen, con bosques espesos y matorrales que crecían profusamente en el clima húmedo de la isla. El suelo todavía no había sido drenado ni canalizado para convertirlo en la rica tierra agrícola que conocemos hoy. Alfredo huyó hacia los pantanos y matorrales donde la fuerza invasora no podría hallarle. Acompañado por un pequeño grupo de hombres, evitaba ser capturado desplazándose protegido por el terreno, el clima y la oscuridad. Vivía de provisiones sustraídas en incursiones contra el enemigo y, cuando era necesario, contra los mismos sajones quienes, en ausencia de su rey, habían sucumbido al dominio vikingo. Una vez más, usted no tendrá mucho trabajo para imaginarse cualquiera de estas cosas.

Alfredo estaba en el punto más bajo de su reinado. Había soñado con que algún día ayudaría a su pueblo a reconstruir la cultura perdida y que sólo perduraba en monasterios aislados. Ahora parecía improbable que fuera a tener esa oportunidad. Efectivamente, si los vikingos vencían, incluso los vestigios de la civilización anglosajona serían destruidos para siempre.

Si usted alguna vez conoció Inglaterra durante enero y febrero, no habrá olvidado fácilmente cómo el frío húmedo penetra las ropas y llega hasta los huesos. Sepa además que actualmente Europa atraviesa un ciclo climático relativamente cálido. Durante semanas, Alfredo se ocultó en los terriblemente fríos pantanos de Somerset, tan expuesto al riesgo de la humedad y la helada como al de los vikingos. Una historia transmitida por generaciones cuenta que un día Alfredo se refugió en la choza de un porquero que no era más que una simple estructura de piso de tierra y techo de paja. En su agotamiento, no observó que había algunos panes de avena cocinándose en un horno casero. Cuando la mujer del porquero regresó y le encontró tirado en la choza, le recriminó por no haber dado vuelta los panes y permitir que se quemaran. Para todas las generaciones venideras este relato se convirtió en la imagen vívida del estado de miseria y desesperanza en que se encontraba el rey mientras luchaba para salvar a su país. ¡Una porquera increpando a un rey! Como ya he dicho, la situación de Alfredo se asemejaba mucho a la suya. En una tierra dominada por una potencia extranjera, podría decirse que Alfredo, más que el rey, era el jefe de la resistencia.

Tan pronto como el clima y los movimientos del enemigo se lo permitieron, Alfredo fortificó un sitio en los pantanos y comenzó a organizar la resistencia contra los vikingos. A medida que se esparció la noticia de que el joven rey estaba aún con vida, hombres de todas partes de la región complotaron secretamente para unírsele en un contraataque sorpresivo sobre los vikingos. Al cabo de cinco meses en los pantanos, Alfredo consideró que ya estaba preparado. Envió un mensaje a aquéllos que lucharían junto a él para que se le unieran en la Roca de Egbert, un megalito fácilmente reconocible. Cuando llegó al lugar del encuentro, inseguro acerca de lo que encontraría, fue recibido por una multitud de hombres jubilosos provenientes de los parajes cercanos y que se habían reunido para combatir a su lado. Le juraron la lealtad que costosamente se había ganado.

Dos días después, el ejército patriota de Alfredo marchó sobre el campamento vikingo en Wiltshire y ganó la batalla. Persiguió a los vikingos hasta su fortaleza y les sitió. Dos semanas más tarde, bajo el sometimiento del frío y del hambre, el ejército vikingo abogó por la paz y una vez más prometió abandonar Wessex dejando rehenes con el vencedor. Esta vez Alfredo no dejó ninguno con ellos.

Para sellar la paz, Alfredo persuadió al rey vikingo Guthrum a comparecer junto a sus principales guerreros y aceptar el bautismo cristiano. Se ha perdido en la historia cómo logró esta asombrosa conversión. Podemos conjeturar que los vikingos, habituados a solicitar ayuda a sus dioses en la batalla, atribuyeron la misteriosa capacidad de supervivencia y superación de Alfredo al poder de su propio dios. Sea como fuere, Alfredo no utilizó esta ceremonia para humillar a Guthrum sino para brindarle respeto y agasajo. No podemos evitar maravillarnos ante la impresión que este tratamiento magnánimo produjo sobre Guthrum en contraste con su propia falta de compasión y cuánto contribuyó al período relativamente largo que disfrutó el Reino de Wessex sin sufrir otra invasión.

Las fuerzas invasoras se replegaron a otras regiones de las Islas Británicas. Cansados de quince años de lucha, los vikingos se asentaron en aquellos antiguos reinos estableciendo estructuras políticas propias. Más aún, otro ejército vikingo que ya había desembarcado, al conocer la derrota de sus coterráneos, abandonó la idea de atacar Wessex por su cuenta. Estos vikingos levaron anclas y navegaron hacia el Continente dejando a Wessex en relativa paz durante trece años.

Estoy seguro de que en su corazón, usted aplaude la historia de este magnífico joven líder. Es una historia que brinda enorme satisfacción a quienes valoran el coraje y el tesón ante una desigualdad desmoralizante. Sin embargo, por más buena que esta historia pueda ser, es tan sólo la introducción a la historia que deseo relatarle. La historia de cómo Alfredo llegó a ser grande y bueno está apenas comenzando. Un comandante astuto o afortunado puede ganar una guerra pero sólo esto no le convierte en grande o bueno.

Lo que convirtió a Alfredo en grande y bueno fue cómo se condujo durante los períodos de guerra y lo que hizo en los preciosos tiempos de paz.

Ya sabemos que la paz duró trece años. Alfredo, por supuesto, no tenía idea de con cuánto tiempo contaría para poner en práctica su visión. Por lo tanto no perdió un instante, ni uno.

Su primer objetivo debía ser la reforma de sus defensas. Construyó una línea de fortificaciones situadas cuidadosamente para cuidar las rutas de entrada a Wessex. Pero en vez de hacerlas servir sólo a un propósito de defensa, diseñó muchas de ellas como desarrollos urbanos que pudieran servir *para mejorar tanto el aspecto militar como el social. Podemos imaginar cómo estos poblados se convirtieron en centros donde era posible moler harina, curtir pieles, forjar hierro, moldear herramientas y armas, intercambiar ideas, resolver disputas y servir de punto de reunión comunitario.*

Tratamiento igualitario. Dividió el ejército en dos de tal modo que en todo momento una mitad estuviese de licencia dedicándose a labores privadas y la otra mitad en servicio. No hizo esto sólo para asegurar el suministro de alimentos para la población, también le sirvió para ganar mayor lealtad y minimizar las deserciones. Siempre estaba pensando simultáneamente en la misión y en el bienestar del pueblo. Usted también debería pensar en esto pues, tarde o temprano, alguien podría intentar convencerle de que la misión es más importante que el pueblo al que se supone que la misma sirve.

Sin embargo, esto sólo es lo que convirtió a Alfredo en un buen líder político y militar. No es lo que le hizo grande. Lo que le transformó en grande fue uno de los actos de liderazgo más admirables jamás concebidos por soberano alguno.

Alfredo comprendió que no valía la pena defender una tierra y una cultura salvo que estas fuesen dignas de orgullo. Sabía que alguna vez el reino tuvo hombres educados que leían y enseñaban los escritos de otros hombres que lidiaban con las grandes cuestiones de la vida. Cuestiones acerca de la naturaleza del hombre, de la moral, la filosofía y la ciencia. Sabía que este conocimiento existía en otras partes del mundo y que se había perdido en su reino durante los oscuros tiempos que siguieron a la caída de Roma. Comprendió que la vulnerabilidad de su reino al ataque vikingo se debía, por lo menos en parte, al deterioro de su grado de educación y organización. No eran sólo víctimas de la fatalidad sino también responsables de la misma debido a su insuficiente vitalidad para resistir los ataques.

Por lo tanto, Alfredo inició una campaña para restaurar la educación en su tierra. Solicitó a los obispos de las abadías de otras partes de las Islas Británicas que le prestaran maestros. Pidió a sus pares extranjeros que hicieran lo mismo. Reunió a su alrededor un conjunto pequeño y diversificado de eruditos a quienes ubicó en posiciones desde las cuales pudieran restaurar la educación a lo largo y a lo ancho de Wessex.

El modo en que actúan los líderes visionarios les permite perfeccionar e implementar sus visiones. Alfredo siguió un proceso de pensamiento mara-

villoso. Primero determinó que el latín, la lengua en que estaban escritos los grandes libros, debía ser aprendido de nuevo en su tierra. Si esto habría de suceder, él y los principales miembros de su corte, debían ser los primeros en aprender y sentar el ejemplo. Por lo tanto, Alfredo y sus hombres, todos adultos bizarros y analfabetos, comenzaron el difícil proceso de aprender a leer y escribir siendo al mismo tiempo que atendían sus otras críticas responsabilidades militares y civiles.

Este valiente concepto y el sentido personal de responsabilidad, pronto le condujeron a una idea aún más atrevida, un concepto verdaderamente revolucionario para su época. Alfredo sabía que su pueblo no hablaba latín. Hablaban el inglés de aquellos tiempos. Si los libros sólo podrían leerse en latín, el saber no se propagaría más allá de un pequeño círculo de elite. ¿Por qué no traducir los textos al inglés y enseñar a su pueblo a leer en su propia lengua? Siguiendo este concepto radical, estableció las bases de lo que se convertiría en la identidad nacional inglesa con todo lo que ésta contribuyó posteriormente —para bien o para mal—, al desarrollo de la humanidad. Alfredo personalmente, en medio de las obligaciones apremiantes de gobierno y los rigores que se imponía a si mismo debido a su devota observancia religiosa, tradujo concienzudamente cuatro de los textos seleccionados del latín al inglés. ¡Un gran ejemplo de líder que es además modelo para el nuevo orden!

Para promover la lectura de estos libros, estableció una escuela en la corte tanto para los hijos de los nobles como de los hombres ricos y libres. Estaba determinado a que la próxima generación de líderes sería instruida. Paso corto, recorrido largo. Estableció dos centros religiosos, uno para monjes y otro para religiosas, perseverando nuevamente en el amplio restablecimiento de la educación. Tanto los libros de enseñanza como los textos traducidos se divulgaron a la par a través de todo el reino.

Bajo el ímpetu de su programa educativo, Alfredo dio a luz 'La Crónica Anglosajona', un registro histórico muy detallado que se extendió más allá de su Reino de Wessex, expandiendo el sentido de identidad inglesa. Publicó un código de leyes para resolver disputas con menos derramamiento de sangre y se ocupó de asegurar su aplicación imparcial. Los impuestos recaudados se compartían equitativamente entre cuestiones de defensa e instituciones que eran la base de la sociedad civil y espiritual que estaba construyendo. ¡Parece un cuento de hadas pero todo está bien documentado!

Mientras Alfredo construía la sociedad civil, apurando, persuadiendo y amonestando a sus ministros si se demoraban en sus deberes, nunca dejaba de prestar atención a las cuestiones militares y políticas. No sabía cuándo su archienemigo, el invasor vikingo, habría de regresar. Debido a su empeño, se construyeron naves para enfrentar a su flota así como también se organizaron ejércitos para hacer frente a sus legiones. Finalmente los vikingos regresaron. Pero esta vez Wessex estuvo preparada y los invasores hallaron una resistencia bien organizada ante cada embate. Cuando amenazaron navegar aguas arriba del Támesis desde Londres, en el Reino de Anglia bajo su control, Alfredo entró en acción. Avanzó sobre Londres que estaba en manos de los vikingos y los expulsó. Después de esta gran victoria simbólica que cimentaba la identidad nacional, Alfredo fue reconocido por todas las regiones de Inglaterra que no estaban bajo dominio vikingo como el líder supremo que coordinaría sus esfuerzos. En algún sentido, Inglaterra había nacido.

Si hubo alguna vez un hombre que usó el poder adquirido a lo largo de su vida eficazmente, ese fue Alfredo. El rey Arturo es la figura de leyenda de la vieja Inglaterra pero el Rey Alfredo fue el soberano real. Sus logros militares fueron el punto de inflexión de la civilización anglosajona. Sin embargo, lo que le ganó un lugar en el corazón de la historia fue su gran respeto por la vida y la educación. Aquel hijo menor, analfabeto, afligido por una misteriosa dolencia, cuya misma supervivencia estuvo en duda mientras yacía temblando en el húmedo invierno de los pantanos, se transformó a sí mismo y gracias a su ejemplo y liderazgo, también transformó a su nación. Lo que Alfredo no pudo saber es que, debido a sus actos, también influiría sobre el desarrollo de gran parte del mundo por los siguientes mil años.

La falla de Alfredo, si pudiera llamarse así, fue la de caer en el paradigma de la monarquía. Correspondería a otros reformadores y revolucionarios, cientos de años después de su momento histórico, romper con este modelo y reemplazarlo por instituciones no hereditarias.

INTERLUDIO:
Lamento

Siento pena al saber que he de morir dentro de poco tiempo. He llegado a aprender mucho últimamente. ¿Cuánto más podría comprender si, gozando de buena salud mental, pudiera vivir hasta los ciento cincuenta años?

Tal vez sería capaz de descubrir las respuestas a esas preguntas que aún intrigan al hombre. Por qué algunos seres humanos son crueles, por qué las guerras son tan frecuentes, por qué es tan difícil erradicar la discriminación.

Sé que esta es la ambición ilusionada de un anciano. Aprendí que algunas preguntas no tienen respuestas claras y que tampoco existen soluciones definitivas. Sólo hay procesos de cambo continuo, de pasaje de la antorcha de generación en generación entre individuos que bregan por crear las mejores condiciones posibles en las cuales se pueda vivir con justicia. Aún así, puedo soñar. Puedo soñar con un mundo que no veré pero que tal vez algún día alguien verá.

Jamás tuve temor de morir. Sentí mucho más miedo de sufrir una herida grave que me dejase incapacitado. Tampoco le doy la bienvenida a la muerte pues me quitará dos cosas que aprecio.

La primera pérdida será mi capacidad para vivir el porvenir. El futuro siempre me resultó excitante. ¿Qué cambios ocurrirán mañana que hoy ni siquiera imaginamos? ¿Cuáles serán los modos nuevos para alimentar al pueblo, curarle, comunicar, viajar, ver al mundo desde el majestuoso nivel de las galaxias o desde el invisible nivel del núcleo atómico? Privados del futuro, ni siquiera sabemos en qué se convertirán nuestros hijos, cómo se desarrollarán sus vidas, qué contribuciones harán. La muerte me privará de saber todo esto.

El segundo arrebato que sufriré es todo aquello que aún podría ofrecerle al mundo. Siempre he medido el valor de mi vida en función de lo que pude proporcionar a otras personas. Me gustaría haber podido otorgar más, haber sido más listo, poseer más resistencia o más recursos con los cuales ayudar a la gente. La muerte se asegurará de que ya no entregue nada más. Por eso es que me apresuro a trampear a la muerte. Si puedo terminar de escribir este libro mientras mis ojos y mente aún funcionan, mientras mi corazón todavía late, entonces dejaré algo que me permitirá continuar dando. Algo para darle a usted que me está leyendo y a otros con quienes usted quiera compartir esta lectura.

Me encanta la idea de engañar a un ladrón. Es el justo merecimiento. Así sentía cuando derrocábamos a sinvergüenzas que se llamaban a sí mismos gobernantes. Merecían perder sus falsas fachadas de respetabilidad, su sueño trasnochado y los ejércitos que les mantenían en el poder.

Confieso que aquéllas fueron las épocas más excitantes, las jornadas de gloria, cualquiera que fueran las adversidades. Los días en los cuales me sentí mucho más vivo que el resto del mundo. Más consciente de las cosas que el resto de la humanidad. Más artífice de mi propio destino.

También reconozco que, aunque añoro aquéllos tiempos, me doy cuenta que eran tan adictivos como las hojas de coca que mascábamos en la jungla para mantenernos en marcha. Tuve que romper con el hábito de pelear continuamente. Tuve que reaprender a vivir y a disfrutar de los actos simples de la vida. Nunca alcancé la excelencia en esta tarea pero he mejorado lo suficiente como para sentirme reinsertado en la sociedad. Ya no estoy por encima de ella. Creo que era peligroso sentirse siempre superior.

He aprendido mis lecciones. Siempre me asombro cuando aprendo una buena lección. Me permite sentirme ingenuo ante la vida. Pero ya no queda espacio para lecciones. Parece que sólo resta el tiempo suficiente como para compartir las enseñanzas. Por supuesto que aún debo aprender una última lección: cómo morir. No podré compartirla con usted. Estoy seguro que sabrá disculparme.

CAPÍTULO III:
Monstruos y caos revolucionario

¿Cómo surge un monstruo?

"Quien con monstruos lucha, cuide de no convertirse a su vez en monstruo. Cuando miras por largo tiempo en el interior de un abismo, éste también mira dentro de ti."
Friedrich Nietzsche
—Aforismo #46 del libro 'Más allá del bien y del mal'

Al contemplar las fotos de los tiranos cuando estos aún eran niños, no podemos detectar indicio alguno de la clase de monstruos en que se convirtieron luego. Tal vez la mayor necesidad de la humanidad para poder madurar como especie, sea comprender cómo los monstruos se convierten en líderes políticos o cómo los líderes políticos se convierten en monstruos. No conocemos la respuesta a esta cuestión crucial. Ni siquiera sabemos si convertirse en líder político hace aflorar al monstruo que llevamos dentro o si es el monstruo interior quien busca el poder político.

Si conociéramos estas respuestas, podríamos haber salvado cien millones de vidas de una muerte brutal y prematura durante el siglo pasado. ¡Apenas podemos comprenderlo! ¡Es tan desconcertante! No obstante, el hecho de que no sepamos las repuestas no significa que no podamos hacer algo al respecto, quizá lo suficiente como para evitar el surgimiento de un determinado monstruo en un sitio y momento en particular. Tal vez en el mismísimo lugar y tiempo en el que usted está leyendo este libro.

Puede ser que usted ya se encuentre luchando contra un monstruo de carne y hueso. Tal vez el sistema está tan corrupto que no requiere ser conducido por un único monstruo pues ha logrado que muchas personas se transformaran en pequeños monstruos. Del modo que sea, están ocurriendo cosas monstruosas y en muchos casos es un individuo con el poder absoluto quien se ha convertido en monstruo o quien tolera la monstruosidad.

La terrible verdad a la que debo enfrentarle ahora es que muchos de estos monstruos del pasado y del presente, fueron una vez idealistas revolucionarios. Por lo tanto, el asunto resulta de suprema importancia para usted. No estoy diciendo que necesariamente fueran monstruos antes o durante la revolución. A menudo fueron visionarios valientes. Sin embargo, sabemos que muchos revolucionarios se comportaron como monstruos una vez que la revolución triunfó.

¡Que pensamiento tan terrible! ¡Temer a las consecuencias del triunfo revolucionario cuando la misma revolución está luchando en contra de monstruos! Esto parece propaganda contrarrevolucionaria. Una táctica para confundir. Un llamado a la inacción. ¡No lo es! Es una advertencia, un grito estremecedor alertando a todos en cuanto a que los peligros de la victoria son tan grandes como los de la derrota. Es ahora cuando debemos pensar en cómo manejaremos la victoria para que esta sea una que valga la pena lograr y por la que valga la pena matar o morir.

La historia nos ofrece muchas pruebas aberrantes. El pasado siglo XX sembró el planeta con ejemplos sangrientos que se convirtieron en una terrible habitualidad. Líderes en los que el pueblo confió para conducirlos a través de una nueva senda, de algún modo convirtieron ese camino en una autopista hacia el infierno franjeada por fosas comunes, niños hambrientos, arrestos ilegales, calabozos del horror, instrumentos de tortura y los huesos rotos de quienes murieron martirizados. Si bien desconocemos la razón verdadera de por qué esto sucedió, tal vez podamos aprender algo al respecto. Con este saber, usted podrá hacer algo para que su revolución y sus venerados líderes se mantengan fieles a la visión. La visión por la cual usted lucha. Evitará así que sucumban ante esta otra fuerza cuya naturaleza aún debemos dilucidar.

El punto de partida está en nuestro interior. Aparentemente existe un huevo o simiente de monstruo dentro de cada uno de nosotros. Esto puede no ser absolutamente cierto pero es una aproximación aplicable en muchos casos. Existen diversas teorías acerca de este huevo, algunas religiosas, otras revolucionarias y también biológicas. No sabemos cuál es la teoría correcta. Tampoco conocemos cómo se fertiliza este huevo ni cómo comienza a desarrollarse. Los biógrafos de los monstruos han buscado una explicación a esto. Invariablemente parece existir una razón inherente al individuo. Un padre que hizo esto o una madre que hizo aquello. Un hermano amado que fue asesinado por sus ideales reformistas, encendiendo así una inapagable sed de venganza. Siempre podemos componer algún tipo de justificación para explicar lo que tan urgentemente necesitamos comprender. Sin embargo, todas son historias pasadas que rara vez nos benefician en el presente.

Yo le propongo a usted —mi valiente revolucionario—, que asuma que ese huevo está allí, adentro de cada uno de nosotros y muy particularmente en su propio ser. Si lo desea, puede dibujarlo, darle una forma y un color. Sentir su peso, textura y temperatura. Oler su suave y ominoso olor. En su imaginación, hágalo verse como algo real pues, aunque invisible, es tan real como el DNA que define cada rasgo de su cuerpo. Reconozca que adentro de ese huevo se concentra toda la monstruosidad que el mundo ha padecido y que, bajo las circunstancias adecuadas, puede incubarse y desarrollarse hasta tomar el control de su persona. Bajo las malas influencias, la oportunidad propicia y cierto grado de poder, el huevo podrá crecer en su interior y usar su fuerza vital para alimentar y criar al monstruo que yace dormido en su bolsa.

Aprendemos a abortar el nacimiento de monstruos buscándoles primero en nosotros mismos y reconociendo que el monstruo interior es tan peligroso como los exteriores y aún más insidioso. De algún modo, el Caballo de Troya ha traspasado las barreras y se ha escondido tras nuestras murallas, espera el momento oportuno para develarse y destruirnos. Tanto bajo el colonialismo como el neocolonialismo, el odio ha penetrado nuestros corazones y forjado un estigma de venganza bajo nuestra piel. La gran batalla que debemos enfrentar es la de reconocer que el enemigo habita en nuestro interior y que no debemos situarlo en otras personas. Nuestra ideología puede sostener que el enemigo es el interés reaccionario, el pensamiento maniqueo, Satanás, un genio demoníaco o el vudú. Aun así, debemos comprender que el enemigo reside en nosotros mismos y que debemos combatirle evitando volcar equivocadamente la violencia sobre otros.

Debemos convocar a un poder superior, sea éste de origen racional, producto de nuestra voluntad, sustentado por nuestra fe religiosa o consecuencia de nuestro sentido básico de la moralidad. Debemos invocar a este poder benigno y utilizarlo para dominar a ese otro poder maligno que yace en nuestro interior y que se ha convertido en parte de nosotros mismos. Al concebirlo como una porción de nosotros y comprendiendo que esa fracción no puede ser más poderosa que el todo, podremos relegarlo a su lugar como una potencialidad a la que no le permitiremos manifestarse. Tenemos la responsabilidad de hacer esto nosotros mismos, usando cualquier medio cultural a nuestro alcance que pueda ayudarnos. Podemos rezar, ayunar, buscar consejo o guía, efectuar una confesión y autocrítica pública o compartir nuestros más oscuros miedos con un camarada de confianza. Aunque sea de modo imperfecto, nuestra integridad debe prevalecer.

¡Deseo que ahora suspenda la lectura y descubra este huevo! Si su revolución es importante para usted —como yo sé que lo es—, quiero que se detenga ahora mismo y haga su mejor esfuerzo para hallar al huevo en su interior. Realice una visualización mental. No importa si la imagen es clara o difusa. Tan sólo inténtelo. Luego ubique un lugar en su cuerpo en donde este huevo imaginario pudiera estar oculto. Véalo yaciendo allí, escondido, desapercibido y esperando el momento oportuno. Hablo en serio. Cierre sus ojos y manténgalos cerrados hasta que pueda imaginar a este huevo dentro de usted. Luego ábralos y pase a la página siguiente.

Gracias —mis muchachas y muchachos—, por tener la osadía de explorar su potencial maligno interior. Este es el mismo coraje que le pedimos a la sociedad para que explore y comprenda su propia perversidad. Sólo entonces podrá transformarse y dejar de ser el sistema injusto en el que se ha convertido. Todo comienza con la valentía de reconocer las partes de nosotros mismos que son inaceptables y que preferiríamos extirpar. Despojarnos de la futilidad que nos dice que somos perfectos y admitir que somos parte buenos y parte malos. Sólo entonces puede comenzar un proceso voluntario de cambio.

Ahora ya podemos embarcarnos en el siguiente tramo del recorrido. Si existen condiciones favorables para despertar la espora malévola, entonces seguramente también existen condiciones desfavorables para que algo así suceda. ¿Cuáles son estas condiciones? Ésta es una cuestión urgente que debe responder cada individuo ante la acumulación de poder. ¿Cuáles son las condiciones que resultan tóxicas para los huevos de monstruo, aquéllas capaces de sofocarles en su matriz?

Sin lugar a dudas, las condiciones inhibitorias son diferentes para cada individuo. Imagine cuáles son las más aplicables en su caso. ¿Rezar cada noche rogando por el don de la humildad? ¿Rezar para ser capaz de perdonar los crímenes terribles cometidos contra usted y sus seres queridos? ¿Trabajar con los enfermos y moribundos para aprender y reaprender humildad? ¿Reírse junto a los niños? ¿Leer filosofía? ¿Rodearse de personas que no le teman? ¿Leer la historia de déspotas y conocer su trágico final en manos de sus contemporáneos o bajo el implacable juicio de la historia? ¿Crear un sistema en el que nadie pueda tener un poder dominante? ¿Imaginar que morirá dentro de seis meses y pensar en cómo desea ser recordado? ¿Renunciar a su posición de mando cuando sienta que el huevo comienza a crecer y antes de que el monstruo emerja y le devore?

Al luchar con la verdad terrible del huevo de monstruo en nuestro interior, logramos percibir el poder que puede adquirir sobre nuestros líderes y sus lugartenientes. No deseamos perder a nuestros apreciados líderes y sus hombres de confianza en manos de este enemigo que ataca desde adentro. Pero, mientras desconozcamos el poder que alcanzará el monstruo que se incuba y madura adentro del huevo, no les inocularemos suficientemente temprano como para prevenir las consecuencias. El monstruo se incubará y crecerá rápidamente a través de su etapa adolescente y se fraguará hasta alcanzar su desagradable forma plenamente madura. En ese estado, simplemente devorará a cualquiera que se interponga en su camino y no se detendrá hasta sucumbir en manos de una fuerza superior o ante el efecto neutralizador del tiempo.

Si comprendiéramos cabalmente la naturaleza corrosiva de este huevo, del tamaño descomunal que desarrolla el monstruo una vez nacido, verteríamos el remedio a través de la garganta del líder de la misma forma como administraríamos quinina a un enfermo de malaria. Incluso si se resistiese, no dudaríamos en vacunarle contra esa siniestra enfermedad infecciosa que le amenaza a él y a toda la comunidad. Si supiésemos que esto protegería su salud, su vida, la vida de su pueblo y su buen nombre, entonces, por el respeto que se merece, por el amor que le profesamos, le administraríamos de inmediato la medicina preventiva necesaria.

Si hemos comenzado por nosotros mismos, enfrentando al monstruo potencial interior, podemos luego enfrentar al de otros sin pretender convertirnos en su policía, sus jueces o sus verdugos. Podemos ser seguidores fieles de nuestros líderes y ayudarles a garantizar que seguirán mereciendo nuestra lealtad. Todos somos agentes imperfectos del cambio, todos potenciales portadores del huevo virulento, todos camaradas protectores del ideal revolucionario.

Ahí está esa palabra: "ideal". Siempre recuerde que un ideal es algo por lo que luchamos. Raramente es algo que alcanzamos. Nosotros no somos ideales. Nuestros líderes tampoco lo son. Nuestra revolución no es ideal. No es desleal reconocer los aspectos personales o de nuestros líderes que se apartan del ideal. A lo largo de todo el camino nos alejamos en mayor o menor medida del ideal. Esto no es vergonzoso, es humano. Sólo se convierte en vergonzoso cuando dejamos de aprender de nuestros desajustes y abandonamos la lucha por nuestro ideal mientras insistimos en que los demás vivan por el mismo. Entonces nos convertimos en hipócritas y los hipócritas sufren una gran vergüenza que sólo pueden esconder dañando o destruyendo a sus semejantes.

Recuerde lo siguiente: el alimento, el fertilizante, el nutriente de los huevos de monstruo es el poder y el deseo de poder. Esta es la gran paradoja de las revoluciones. Todas las revoluciones buscan el poder.

Nuestros líderes necesitan un gran poder para lograr sus objetivos revolucionarios. Sin poder no pueden combatir a los demonios ni crear justicia. Es nuestro deber y nuestra misión ayudarles a adquirir poder. Sin embargo, al hacerlo, les exponemos al riesgo de que el monstruo en el huevo despierte.

A medida que tenemos éxito, a media que adquirimos el poder de convocar la atención del mundo, de llevar al régimen opresivo a la mesa de negociaciones o hacerlo huir al exilio, cuando movilizamos a las masas en las calles, cuando comienzan a suceder todas las cosas por las que hemos arriesgado la vida, el huevo empieza a despertar. Nuestros más grandes momentos de triunfo contienen las semillas de las mayores traiciones a nuestros ideales y sueños. Esta es la paradoja que todo revolucionario debe tener en cuenta.

La llegada al poder puede establecer un círculo vicioso y peligroso. Quienes adquieren algún poder terrenal se deleitan con su sabor. Ejercen el poder tal cual deben pues el poder debe ser usado. Experimentan la sensación satisfactoria de fortaleza y potencia que uno siente cuando ejercita los músculos. La sensación les anima a usar el poder cada vez más y al hacerlo lo encuentran aún más satisfactorio. En sus cerebros se activa un centro de placer profundo para el que la obtención de poder es un nutriente fundamental. El poder es tan intensamente agradable que podemos suponer que actúa como una droga adictiva. Al cabo de un tiempo, el ardiente deseo de consumo de la droga empieza a verse y a sentirse.

Es en este momento cuando puede comenzar el círculo vicioso. Quienes saborean el poder temen perderlo del mismo modo que un adicto teme perder su suministro de droga. Comienzan a actuar de modo extraño en pequeñas cosas que les ayudan a mantener el poder. Involuntariamente empiezan a alimentar al huevo. Sus actos más simples son menos puros que en tiempos pasados. Son conscientes de ello y sin embargo empujan la consciencia a la periferia de sus mentes. Aunque no lo admiten, saben que sus actos impuros perjudican a otros.

Podemos asumir que ahora se inicia un segundo ciclo. Los poderosos temen la venganza de quienes han ofendido si estos les arrebatan su poder. Por lo tanto, están dispuestos a perseguirlos a ultranza con el fin de debilitar su capacidad de venganza. Al hacerlo, se tornan todavía más temerosos de la venganza. El huevo crece. Si no se interrumpe, el ciclo continúa desarrollándose en espiral. El huevo aumenta su volumen y eventualmente alcanza el punto de maduración. Si el ciclo no se quiebra rápidamente, el huevo logra su tamaño máximo y explota diseminando criaturas virulentas alrededor de su cáscara recién abierta.

Algunos de los grandes investigadores en esta materia van más allá. He estudiado a diversos ensayistas durante décadas buscando desesperadamente respuestas a este fenómeno. Cómo explicar la horrible muerte de millones de seres humanos en manos de quienes se levantaron para liberar al pueblo de la opresión. Mis amigos V.I., el Tío José o El Águila de Georgia, el Presidente Mao y Pol Pot son tan sólo los ejemplos más famosos.

El gran antropólogo social Ernesto Becker y el ensayista Elías Canetti especulan que detrás de este comportamiento está enterrado profundamente el temor a la muerte que todos llevamos dentro y que nos induce a buscar desesperadamente un modo de evadir el destino inevitable de todo ser humano. El sino de la muerte, la extinción personal, el miedo a que pasaremos por la vida sin dejar rastro. El pavor a que en cierto momento seremos olvidados y que nuestras vidas no tendrán significado. Según estos pensadores, este miedo primal nos inducirá a hacer cualquier cosa para huir del terrible sentimiento de temor que el concepto de muerte instala en nosotros. El miedo hace que no sólo busquemos poder sobre los demás sino que pretendamos ejercerlo de modo absoluto, el poder sobre la vida y la muerte. No sólo ostentaremos este poder sino que también lo ejerceremos una y otra vez en un esfuerzo desesperado para demostrar que nosotros no somos las víctimas de la muerte sino sus agentes y administradores. Mientras administremos la muerte, sin importar si es la de nuestros enemigos, camaradas o subordinados, obviamente no seremos nosotros las víctimas de la muerte. Al observar cómo otros caen, logramos la satisfacción profunda y adictiva de reconocernos supervivientes mientras todos los demás a nuestro alrededor perecen.

Tal vez así es como comienza a crecer el huevo. Nos acostumbramos a ver morir personas a nuestro alrededor aún antes de que nos corresponda matarlas en el campo de batalla o condenarlas a muerte en un tribunal revolucionario. Incluso si amamos y añoramos a los caídos, en nuestro interior más profundo sentimos la inconfensable e inadmisible satisfacción de reconocernos superiores a ellos pues nosotros hemos sobrevivido mientras ellos han muerto. Esta sensación nos llena con un extraño y agradable sentido de poder. El huevo comienza a incubarse cuando no somos capaces de admitir este sentimiento perverso ante nuestros camaradas ni ante nosotros mismos. ¿Si esta sensación de poder sabe tan bien, cómo hacer para experimentarla nuevamente? ¿Y de nuevo? ¿Y una vez más?

El círculo de temor a la venganza se funde con el círculo de adicción y sed de poder, cada uno fortaleciendo al otro. El proceso se torna irreversible y crece en espiral fuera de control. Los primeros actos están encubiertos bajo la lógica revolucionaria. Comenzamos aceptando que una determinada persona debe ser encarcelada o fusilada. También aquella. Y toda esta otra gente. ¿Y por qué no aquéllos? Luego, si adquirimos poder suficiente, ni siquiera necesitamos una justificación revolucionaria. Nuestros actos se justifican por sí mismos pues son la expresión del poder que hemos conquistado. Todo prosigue hasta que aquellos a nuestro alrededor comienzan a darse cuenta de que ya no prestan servicio a la revolución sino a algo diferente: a un monstruo.

Eventualmente, como todos los ciclos, éste también termina agotándose en sí mismo, a veces tan sólo por el paso de los años, la decadencia y la muerte del monstruo. Un final insoslayable a pesar de los infernales esfuerzos realizados para evitarlo. Otras veces, los procesos de purgas y asesinatos generan una fuerte reacción neutralizadora. Muchas personas enfocan sus vidas a detener al monstruo. Lo hacen con tanto empeño como el que usted pone ahora al servicio de la revolución. Sin embargo, han dejado al monstruo crecer en demasía y ahora puede llevar años detenerlo, incluso generaciones. Mientras tanto sobreviene un enorme sufrimiento.

Por lo tanto, resulta mucho mejor destruir al huevo en este momento. Sin embargo, el secreto que estoy buscando y que seguramente moriré sin hallar, es cómo transformar al huevo. Cómo reprogramar su DNA para que comprenda que un verdadero revolucionario no elude la muerte distribuyéndola entre los demás ni demostrando el poder que tiene sobre sus vidas. Para superar a la muerte el revolucionario verdadero debe ser procreador de padres y madres que den vida a una sociedad nueva, una sociedad más justa, una sociedad que las generaciones futuras elogien por haber roto con el antiguo esquema de opresión. Tal vez su generación logre cambiar este círculo vicioso que inflinge semejantes estragos y lo reemplace por un círculo virtuoso que cree un mundo mejor. Descansaré tranquilo en mi tumba si de algún modo llegara a saber que usted tuvo éxito en esta empresa.

Ya sea que la dinámica de desarrollo del monstruo pueda o no erradicarse definitivamente de la faz del mundo, usted siempre puede hacer algo para evitar que se manifieste en su revolución. Si usted comprende la existencia del huevo, si reconoce las señales de su fertilización y admite la necesidad perentoria de abortar su desarrollo denegándole la energía que requiere para crecer, podrá entonces evitar que consuma la obra a la que está entregando su vida. Desconocemos todas las respuestas en cuanto a cómo expulsar el huevo o prevenir su incubación. Sin embargo, yo sí conozco la respuesta errónea y ahora la compartiré con usted. La respuesta equivocada es la inacción. Amar o temer tanto a su líder revolucionario al punto que usted, el primer observador del crecimiento del huevo, no hace nada para lograr que el líder reconozca la presencia y los peligros del huevo. Esta es la respuesta fatal.

Enfrentar esta cuestión demanda mucho carácter y valor pero usted puede hacerlo. Primeramente, intente todo lo que encuentre a su alcance para lograr que el camarada revolucionario perciba al huevo que se está incubando en su interior, que lo conceptualice, que use su sentido de propósito trascendente y su fuerza de voluntad para dominar al huevo, para aplacar su crecimiento negándole el alimento hasta lograr marchitarle. Al mismo tiempo, intente instaurar mecanismos de distribución del poder entre los miembros del grupo. De este modo, disminuirá o extinguirá la energía que posibilita la fertilización del huevo en cualquiera de sus líderes.

Si no puede lograr que el líder, en el que claramente se está incubando el huevo, reconozca lo que está ocurriendo y acepte límites que detengan el crecimiento de su monstruo interior, entonces usted debe oponerse al líder. El mayor error que uno puede cometer cuando se está a disgusto con el comportamiento de acumulación de poder de un líder, es retirarse de la escena cediendo mayor espacio al monstruo incipiente. Debe evitar esto a toda costa. No importa cuan repulsiva le resulte la idea de continuar compartiendo su trabajo con camaradas que exhiben un comportamiento inconciliable con su escala de valores. Estos mismos valores son los que exigen que no les ceda aún más poder. Lamento comprenderlo tan tarde pero hoy sé que el ala democrática del Partido jamás debió haber dejado sólo a V.I. Esa actitud fue tan desastrosa como la de Gregor Strasser abandonando al Partido Socialista y cediendo el lugar al monstruo de Hitler.

Identifique a los líderes que no muestren señales del huevo agitándose en su interior y ponga todo su esfuerzo detrás de ellos. Tal vez no sean tan carismáticos y locuaces pero seguramente son más confiables. Apoye a los líderes que al adquirir poder se lo transfieren a otros, que usan el poder pero que no lo desean. Sume su esfuerzo al de quienes entienden que su misión es la de servir al pueblo y que no es el pueblo quien debe servirle a ellos.

Usted debe hacer todo esto si en verdad desea que su revolución concrete la visión propuesta en vez de convertirse en otra mácula sobre la historia de su sufrido pueblo. Por favor hágame caso, es su deber. Las manchas que exhibe la historia no deben replicarse en su revolución. No suponga que otras personas se ocuparán de mantenerla inmaculada. Esta tarea puede ser su contribución más importante a la revolución.

Financiando la revolución

*"Si comienzas robando bancos,
terminas como ladrón de bancos."*

Pido disculpas. No recuerdo quién dijo esto. Mi mente sufre una laguna. Lo concreto es que la frase me recuerda un temor que usted debería compartir conmigo. Este es el tema sobre el que más me cuesta escribir pues no sé muy bien qué decir. Sin embargo, algo diré.

Creo que esta frase, sea quien fuere su autor, me genera temor porque trae a flote una desagradable verdad. No es posible sostener una revolución sin dinero y hallar este dinero es siempre un problema a resolver. Muy a menudo se debe pagar un precio muy alto por la solución.

En un mundo ideal —algo que nunca fui capaz de hallar a pesar de haber invertido un siglo en su búsqueda— las personas que se beneficiarán al liberarse del yugo del opresor son quienes deberían proveer los recursos necesarios para la revolución. Pero nunca es tan simple. La mayor parte de esta gente no posee dinero alguno. Apenas logran subsistir. Quienes sí tienen dinero, asumen un gran riesgo al apoyar la revolución en sus albores, que es precisamente cuando el dinero y la ayuda más se requieren.

Invariablemente, los líderes buscan frenéticamente dónde hallar lo que necesitan. Es entonces cuando comienza el conflicto. Quienes poseen el dinero y los recursos que usted requiere están motivados por fuertes intereses personales. Tal vez sean enemigos externos de su país que desean verlo geopolíticamente debilitado. Acaso tienen interés en su mercado o en los recursos sin explotar. Como sea, tienen un plan que con seguridad es diferente al suyo. Usted es consciente de esto. Usted comprende los riesgos. ¿Pero qué otras opciones le quedan? Parece que muy pocas.

Quizás las potencias extranjeras no están suficientemente interesadas en su país como para invertir en mejorar su influencia sobre el mismo. Su país es demasiado pobre. Demasiado insignificante. ¿Qué hace usted entonces? Revisa sus opciones. Siempre existe riqueza en algún lugar. Tal vez se encuentre en las minas que insaciablemente producen niños huérfanos. Quizá está en los bancos donde un puñado de familias poderosas acumula sus fortunas. Acaso en el tráfico de drogas que arruina tantas vidas. Por lo tanto, parece que usted debe ingresar al negocio de la minería y utilizar su poder para expropiar parte de los bienes de los empresarios mineros. Tal vez deba dedicarse a robar bancos y así redistribuir la riqueza de un modo más directo. También puede exigir dinero a los traficantes de droga a cambio de protección.

Haga lo que haga, resulta difícil mantener las manos limpias. Los poderosos que niegan los derechos civiles del pueblo tienen las manos sucias, muy sucias. Ahora, para derrocarles, parece que usted también ensuciará sus manos.

¿Qué puedo decirle? ¿Acerca de qué puedo prevenirle? Usted está en terreno resbaladizo y fácilmente puede convertirse en un ladrón de bancos o en algo peor. Este es el terreno en el cual los ideales de la revolución se enfrentan con la realidad de las finanzas y el poder. Lo único que puedo hacer es advertirle acerca de los riesgos que rodean a la obtención de dinero y recursos. No puedo ofrecerle respuestas. Usted deberá descubrir las respuestas. En cierto sentido, usted deberá ser la respuesta.

Existe el riesgo de la codicia. Una fuente segura de dinero son los pequeños fabricantes, comerciantes y granjeros más acomodados. Ellos no tienen demasiado pero tienen algo y son blancos fáciles en las zonas bajo su control o sobre las que posee influencia. Usted impone una contribución a la revolución. Los recaudadores son los mismos desposeídos. Con fusiles en sus manos, repentinamente tienen la posibilidad de acceder a aquello que hasta hace poco sólo podían ver en las vitrinas de las tiendas a las que tenían vedado el paso. Las promesas de la revolución podrán o no convertirse en realidad. La oportunidad de tener bienes y dinero en la mano tal vez no se repita. Así surge la gran tentación de extorsionar y hacerse de lo ajeno en la oscuridad. Esta es la semilla de la corrupción generalizada que convertirá a la revolución en el próximo régimen opresor. ¿Cómo evitarlo?

Usted puede ser rudo y amputar las manos de quienes sean sorprendidos robando al pueblo y a la revolución. Un castigo que siente el ejemplo. En general, esta es la técnica del chivo expiatorio. Un intento de limpiar la culpa colectiva a expensas de unos pocos individuos desgraciados. En lo sucesivo, las personas serán más cuidadosas pero no abandonarán sus prácticas delictivas.

Si hay una respuesta, ésta es el liderazgo. Todo comienza por ser un modelo del comportamiento que se desea establecer. El Che Guevara era escrupuloso. Siempre que confiscaba algo, entregaba un recibo dando derecho a cobro o reintegro posterior. Alcanzada la victoria, renunció a la mitad de su modesto salario como Presidente del Banco Nacional de Cuba y rechazó una gran mansión confiscada prefiriendo una residencia más pequeña para él y su familia. Aún antes de la victoria, vivía y subsistía bajo las mismas duras condiciones de aquéllos a quienes lideraba. La única excepción era cuando necesitaba atención especial por el asma que lo incapacitaba. Sin embargo, no se puede sobreestimar la importancia de ser un buen modelo. Dar el buen ejemplo no es suficiente. El Che no lo comprendió.

Si usted vive una vida pura pero no presta atención a aquellos a su alrededor, ellos comienzan a despreciarle secretamente por ser un santurrón, por negar el placer, por ser demasiado perfecto y hacerles sentir sucios. Elaboran mascaradas complicadas para mostrarle que viven del modo que usted proclama mientras que en realidad invierten mucho esfuerzo llevando vidas secretas en las cuales el placer tiene un lugar, lejos de su campo de visión. Cuentan con que su santurronería evitará que usted investigue y les descubra. Son los progenitores de nuevas formas de cinismo pues todos, menos usted, comienzan a jugar el juego de a ver cuánto se puede robar ya que todo el mundo lo hace.

Como líder, usted debe vivir de acuerdo con sus ideales pero evitando que estos ideales le quiten el placer a la vida. Al negar la necesidad de placer, usted se divorcia de la vida real que llevan las personas comunes a las que lidera. Sus seguidores necesitan alegría y placer aun cuando usted no. Permítales verle participar aunque no en exceso. Permítales ver que usted admite tener intereses personales además de los revolucionarios pero en un balance adecuado. Entonces puede exhortarles a hacer lo mismo, a encontrar el equilibrio apropiado. Cualquiera sea el modo de obtener el dinero, permita que un poco del mismo se dirija explícitamente al goce de la vida de modo que no tengan que establecer una cultura subterránea de extorsión para satisfacer sus necesidades personales. De esta manera, sus vidas no serán máscaras revolucionarias bajo las cuales actúan como sinvergüenzas. Ellos podrán integrar el deseo humano de placer físico con la lealtad revolucionaria y evitar los excesos que suceden cuando ciertos aspectos de la personalidad se reprimen y criminalizan. ¿Me hago entender? ¿Comprende lo que estoy diciendo? Le pregunto porque creo que este es un asunto muy difícil.

Otro gran riesgo acerca del cual debo advertirle es el hábito de la confiscación. El opresor contra el cual usted combate ha acumulado, de un modo u otro, por herencia o por el uso de la fuerza, una riqueza desproporcionada. A través de un régimen de gravámenes opresivos que no aplica lo recaudado al sostenimiento de los servicios públicos legítimos o a través de otros mecanismos, existe una confiscación de riqueza institucionalizada. Quienes no están en la camarilla del opresor o no gozan de su favor, quedan excluidos de la riqueza e incluso de los medios de subsistencia. Esta gran inequidad se mantiene por la fuerza.

Usted llega con sus ideales revolucionarios y debe hallar los recursos para concretarlos. La cantidad de dinero que puede conseguir resulta limitada e incluso manchada por su oscuro origen. Usted ha creado un clima en el cual el dinero recogido se usa principalmente para propósitos revolucionarios y no para su engrandecimiento personal. Aun así, no resulta suficiente para cumplir con su misión. Busca ansiosamente alternativas y encuentra la riqueza acumulada en una clase social, una minoría racial, un sector de la industria o una determinada secta. Pensando en los objetivos de la revolución, con el bien común como justificación y con el poder en sus manos, confisca parte de esta riqueza para ayudar a su noble causa. Quizás emita bonos revolucionarios con la promesa de recompensar al donante. Tal vez no. Existe una sensación de redención cósmica ante la desigualdad económica, un sentido de justicia en lo que está haciendo que le hace sentir que una etapa de la revolución ya se ha ganado, que ya está sucediendo.

No juzgo si usted está haciendo lo correcto o lo incorrecto. Sólo estoy diciendo que usted está en peligro y que su revolución está en peligro. ¿Por qué?

Tal vez pueda ilustrar mejor este punto comentándole una cosa cierta acerca de las abejas. No es algo tan improbable como parece. Como usted sabe, las abejas son criaturas muy laboriosas. Por una buena razón decimos: "atareado como en una colmena". Diariamente, cuando el clima lo permite, las abejas salen a hacer la labor benéfica de polinizar las flores a la vez que almacenan miel para su propio bienestar comunal. ¡Es casi como si siguieran sus mismos ideales revolucionarios! Pero en ocasiones, una abeja descubre una fuente de azúcares ya procesados. Tal vez el cuarto donde un granjero elabora dulces caseros para sus niños, encontrando el azúcar cristalizado como lenguas colgantes dentro de jarrones abiertos. Quizá localiza otra colmena donde ya se ha elaborado y almacenado la miel.

Para esta abeja errante resulta fácil regresar a estas fuentes donde ya se ha hecho gran parte del trabajo de procesar materias primas transformándolas en dulces formas de energía. La abeja cesa de polinizar los campos y contribuir al mundo. Al poco tiempo, se transforma en un parásito, arrebatando los frutos del trabajo ajeno y expropiándolo para beneficio propio. La abeja pronto se vuelve una adicta obsesiva a este modo de vida, una ladrona compulsiva de las colmenas ajenas. Aquellos cuya labor está siendo robada se ponen alerta frente al parásito y se organizan para poner fin a sus acciones, para matarle y volver a retener los frutos de su trabajo honesto.

Lo mismo ocurre con las revoluciones. Al principio, la confiscación de bienes de la clase opresora o de sus simpatizantes parece plenamente justificable. Es como un pequeño resarcimiento por las décadas o generaciones de inequidad. Luego, cuando el poder de la revolución se acrecienta, se transforma en un modo conveniente y expeditivo de obtener los recursos necesarios para financiar lo que aún debe concretarse. Libera a los dirigentes de la necesidad de desarrollar otras fuentes de ingreso sustentables basadas sobre la oferta de servicios provistos por la revolución según su modelo revolucionario. Finalmente, la confiscación deja de ser una alternativa expeditiva para la obtención de recursos y pasa a ser el único mecanismo del cual se depende. El único modo que la revolución conoce para obtener los recursos que necesita y demanda. En ese momento, la revolución se transforma en el nuevo opresor.

Sea cual fuere la misión de la revolución, ésta también debe concentrarse en la creación de condiciones para la generación de bienes y servicios que el pueblo al que sirve desea y necesita. En vez de ser un devorador insaciable, la revolución debe resolver cómo contribuir al complejo proceso de generación y distribución de riqueza. Esto es cierto para cualquier clase de gobierno, en todo lugar y en todo momento. Todos los gobiernos, por su propio designio, usan fuerza implícita o explícita para confiscar una cierta cantidad de riqueza y redistribuirla para el bien público o privado. Quienes se vuelven adictos a la confiscación, quienes extraen mucho más de lo que contribuyen al bienestar común, matan a la gallina ponedora. Cuando el hedor de la gallina muerta comienza a apestar, cuando inunda los corrales, las granjas y las fábricas, el pueblo se levanta en protesta contra la revolución así como la revolución alguna vez se alzó en protesta contra los opresores.

Por supuesto, el último peligro que acompaña a la financiación de la revolución es el problema de los simpatizantes circunstanciales. Ellos suelen tener bolsillos llenos y se acercan a usted expresando interés en su causa o prestándose como audiencia entusiasta cuando usted sale a buscarles. Usted sabe que le están cortejando, buscando favores por razones personales. Pretenden ser sus amigos fieles en esta aventura. Sin embargo, usted es conciente de que una noche podrá despertar sintiendo cómo le clavan un puñal en la espalda.

¿Qué puedo decir al respecto? Los líderes revolucionarios son astutos, son lobos. No son ingenuos acerca de los riesgos que están asumiendo. Solamente están desesperados. ¡Es mejor arrastrarse por una alcantarilla junto a estas víboras que permitir que los perros les cacen y destrocen en pedazos! Más tarde se ocuparán de las víboras.

No hay mucho para decir. Cada caso es diferente. Los riesgos son diferentes. Los líderes deben asumir riesgos o no están liderando. Ellos deben confiar en que pueden navegar las traicioneras aguas que se avecinan o que por lo menos tienen una probabilidad razonable de lograrlo. No pueden retroceder. No pueden evitar los rápidos que les aguardan.

A menudo, son expertos en manipular facciones y enemigos mutuos. Se apoyan en distintas fuentes manteniéndolas balanceadas entre si. A veces parece que están haciendo un acto de equilibrio sobre un cable en el aire a cien metros de altura. Requiere de mucha fe observar a los líderes hacer esto mientras usted retiene la respiración y espera que no se inclinen demasiado hacia uno u otro lado. Mientras ruega para que no caigan al vacío y mueran en el fondo del precipicio despedazados por las rocas filosas y los buitres hambrientos.

Esto es probablemente todo lo que un líder puede hacer y tal vez lo mejor que puede hacer. En la medida que está equilibrando distintos intereses competitivos, haciéndoles jugar uno contra otro, asegurándose que ninguno obtenga un poder desmedido sobre él o sobre la revolución, el líder está aplicando el gran principio de la diversificación. De este modo evita la acumulación de poder que puede volverse en contra de la revolución y aplastarla en el mismo instante de su supuesta victoria. Sólo es importante que tanto usted como su líder recuerden este principio cuando la revolución finalmente triunfe y que lo apliquen en la misma revolución para prevenir que sea dominada por un elemento excluyente en detrimento de todos los demás.

Esto es lo mejor que puedo ofrecerle. Estos son mis mejores pensamientos. Es como gritarle al equilibrista parado sobre la cuerda que tenga cuidado con el viento. ¿Qué provecho obtendrá de esta advertencia? Aun así, el equilibrista debe tener cuidado con el viento.

Deshumanización y demonización

Al comenzar comenté que viví a lo largo de un siglo muy difícil. Muchos de los grandes líderes, sobre algunos de los cuales deposité mi más profunda confianza, provocaron la muerte de millones de personas cuyas vidas supuestamente debían ayudar a mejorar. Puedo mencionar a José Stalin, al Presidente Mao y a Pol Pot, entre otros. Demasiados líderes negros de África se sumaron a esta lista. Yo tenía mucha esperanza en África cuando el colonialismo comenzó a desmoronarse a velocidad sensacional en los años cincuenta y sesenta. Por aquel entonces, no comprendí cuánto de la arrogancia colonialista se había transferido a los líderes africanos.

Fueran africanos, asiáticos o europeos, estos líderes, esta galería de héroes, en mi mente se convirtieron en villanos. Lamento si usted se ofende por esta caracterización. Los hombres viejos no se preocupan por a quién ofenden. Sin embargo, admito que mis héroes caídos no llevaron a la muerte a miles o millones de personas con sus propias manos. Lo que sí hicieron fue crear, de algún modo, las condiciones para que otros cometiesen estos actos imperdonables que ahogaron en lágrimas a sus revoluciones. Resulta vital que intentemos comprender cómo esto sucedió. Usted desea ser quien siembre el terreno para una sociedad nueva y no el creador de campos de exterminio.

Yo lo veo del modo siguiente. Un líder político debe, por supuesto, liderar. Debe visualizar un mañana diferente y convencer a otros de que éste es deseable y alcanzable. Para hacerlo, el líder debe diferenciar claramente el presente del futuro. A menudo pinta el hoy más oscuro de lo que en realidad es y el mañana más brillante de lo que realmente puede llegar a ser. Hace esto con el fin de animar al pueblo a trabajar para convertir esa visión resplandeciente en realidad. Asigna razones a los fracasos del ahora en términos que el pueblo pueda comprender, a veces sin explicar del todo la complejidad de las causas. Para hacerlo, simplifica la realidad. Esto no es algo malo en sí mismo. Esto es comunicación efectiva.

El problema surge cuando el líder ya no atribuye el sufrimiento del pueblo a sistemas y políticas nefastas o corruptas sino que empieza a culpar a entidades socioeconómicas, políticas, étnicas, culturales o religiosas. Tan pronto como comienza a imputar todos los males a determinadas entidades sociales, como hacendados, hutúes, judíos o quien sea, altera la fuente de energía revolucionaria convirtiéndola de indignación legítima en odio ilegítimo. La indignación es natural y necesaria. Es la energía que alimenta a la revolución. El odio es artificioso e ilegítimo. Jamás produce mejores condiciones de vida. Siempre conduce a pesadillas.

Esta es una de las pocas cuestiones en las que yo disentí con el Che cuando remitió su famoso Mensaje a la Tricontinental. De algún modo guardé una copia del mismo durante todos estos años. En su mensaje, el Che proclamaba: "El imperialismo es un sistema mundial, última etapa del capitalismo, al que hay que batirlo en una gran confrontación mundial. La finalidad estratégica de esa lucha debe ser la destrucción del imperialismo." Luego describía las cualidades necesarias para esta batalla entre las que incluía: "El odio como factor de lucha; el odio intransigente al enemigo, que impulsa más allá de las limitaciones del ser humano y lo convierte en una efectiva, violenta, selectiva y fría máquina de matar. Nuestros soldados tienen que ser así; un pueblo sin odio no puede triunfar sobre un enemigo brutal."

Aún hoy estas palabras me estremecen. Las incluyo con vacilación. Los enemigos del Che las han usado para manchar su memoria. No las cito con este propósito. Las traigo a colación a modo de prevención para describir cómo el más puro entre nosotros —y con seguridad el Che era el más puro— en su anhelo y perseverancia para derrocar un sistema que somete a millones, puede hablar en un tono que incita a la violencia desenfrenada y criminal.

Nunca supe hasta qué punto considerar las palabras del Che literalmente pues él siempre estaba cambiando, intentando convertirse en un revolucionario mejor. El Che temía comprometer el destino de la revolución como veía que muchos camaradas estaban inclinados a hacer después de la victoria en Cuba. Cuando se dirigió a África para continuar con su misión revolucionaria, observó las lamentables consecuencias de una falta total de compromiso por parte de quienes se denominaban revolucionarios. Ahora estaba en Bolivia cumpliendo la que sería su última campaña. Sus probabilidades eran por demás desalentadoras. No obstante, estaba muy animado por lo que ocurría en el otro lado del mundo. El empeño puesto por el pueblo vietnamita en resistir la dominación imperialista continuaba desmoralizando a los norteamericanos como lo había hecho antes con los franceses. El Che percibía que había un modo para vencer al enemigo. Allá en Bolivia, parecía saber que le restaba poco tiempo. Estaba transfiriendo su liderazgo revolucionario en los términos que creía más efectivos. Hacía lo que yo estoy intentando hacer ahora mismo.

Cómo podemos armonizar estas palabras, que se convertirían en parte de su legado, con las de otra famosa carta: "Déjeme decirle, a riesgo de parecer ridículo, que el revolucionario verdadero está guiado por grandes sentimientos de amor."

Cómo reconciliamos estas frases con aquellas escritas años antes describiendo al combatiente guerrillero: "Cayendo como una tromba, destruyéndolo todo, sin dar más cuartel que el que las circunstancias tácticas aconsejen, ajusticiando a quien haya que ajusticiar, sembrando el pánico entre los combatientes enemigos pero, al mismo tiempo, tratando benévolamente a los vencidos indefensos, respetando también a los muertos."

Pongo énfasis sobre la última oración. La benevolencia no nace del odio. Es su antídoto. Ésta no era una frase vacía. Las actitudes personales del Che en el combate y en la victoria eran consecuentes con estas palabras de empatía.

Sin duda, el Che fue consistente a través de los años en cuanto a su valoración del combatiente feroz como flagelo para el opresor. Sin embargo, en su exhortación a la próxima generación de combatientes, se filtró una nota que considero, por lo menos, peligrosa. Permitamos que este inusual desacierto en la vida del Che también nos sirva como lección junto a sus tantas enseñanzas edificadoras.

Cuando un líder habla de este modo, algunos de sus seguidores dogmatizan sus palabras literalmente. El líder, aun sin poner directamente una sola mano sobre nadie, se convierte en responsable de matanzas a lo largo y a lo ancho de su tierra. En el caso del Che, no podemos adjudicarle esta culpa pues no era el líder supremo y tampoco era frecuente que se dirigiese al pueblo directamente. No obstante, si hubiera sobrevivido y alcanzado la victoria, si hubiera continuado recurriendo a esta retórica convirtiéndose en un líder que se comunica directamente con el pueblo y no sólo con otros líderes revolucionarios, entonces, él también tendría sus manos teñidas con la sangre de las víctimas. El Presidente Mao no estaba presente cuando los campesinos insultaban y apaleaban hasta morir a otros campesinos culpables de tener un poco más de educación. Sin embargo, sus palabras estaban allí, su incitación al odio estaba presente en los puños que sujetaban los palos.

La opresión ocurre cuando el opresor, por alguna razón, crea las condiciones en las cuales él y sus seguidores dejan de ver a otras personas como seres humanos. Los opositores se convierten en el enemigo, estorbos para el desarrollo de la historia, imbéciles fáciles de engañar, corruptos y colaboracionistas. Los leales a la causa pasan a ser nada más que medios para un fin, escalones para el ascenso, manos para cosechar los campos, operar las fábricas y luchar las guerras. El opresor no les ve como seres humanos semejantes a él, con más esperanzas y derechos que los que le otorga al ganado en los campos. Quienes le rodean siguen su ejemplo de deshumanización. Se puede degollar al ganado sin que nadie proteste. Es por esta causa que el opresor debe ser resistido y derrocado. También es la razón por la cual usted no debe convertirse en el opresor.

Resulta muy práctico disponer de algún grupo de personas para demonizar. Es tan bueno como sostener barras de dinamita cuando pretendemos que alguien realice lo que le ordenamos. Sin embrago, si se arroja este tipo particular de dinamita se corre el riesgo de convertirse en el próximo opresor. ¿Cómo se motiva entonces al pueblo sin provocar el odio, sin desatar a los constructores de campos de exterminio?

Hay que mantenerse enfocado en el sistema, las políticas y las acciones que oprimen al pueblo. Ésta era la intención del Che aun cuando sus palabras hayan podido producir otra impresión. Se incita al pueblo para modificar el estado de opresión. Para erradicar y reemplazar a un sistema por otro más humano. Se estimula el cambio y no el odio. El camino del cambio es más difícil que el del odio. No obstante, siga la senda del cambio a toda costa y asegúrese de que sus líderes también lo hagan.

Evite la tentación de demonizar y desatar el odio como una plaga. Realmente es una plaga. No la inicie y no la desparrame. Rebélese si ve que su líder lo hace. Acérquesele y logre detenerle. No permita que este genio salga de la botella. Ya no será capaz de volver a encerrarle. Las masas responden a los llamamientos de odio. Rugen. Su rugir conjunto les otorga una sensación de poder y por lo tanto rugen con más fuerza. Si el líder juega la carta del odio y las masas rugen, el líder interpreta su rugir como una aprobación. Encuentra un disparador. Lo acciona de nuevo y obtiene más adulación. El líder y las masas se alimentan mutuamente. No comprenden que ese alimento es veneno.

Un líder que juega la carta del odio está inconscientemente pactando con el diablo. Está desamarrando a los acólitos del mal. Los demonios hipotecarán el futuro del pueblo. Erradicarles y regresarlos al infierno demandará por lo menos dos generaciones. Los demonios arruinarán la vida de sus hijos y nietos.

No permita que el odio pervierta y deforme a la revolución. No consuma su energía vital creando villanos. Derrumbe lo que tenga que derrumbar y construya lo que tenga que construir pero no deshumanice ni demonice. No fomente la venganza irracional. Utilice la energía de la revolución creando visiones de futuros que valgan la pena vivir y construyendo sistemas que sirvan de sostén a estas visiones. Avive el fuego de la esperanza y no el del odio. Realice el trabajo de los ángeles. Ésa es su labor en la batalla. Deje que el diablo cumpla su tarea en el infierno. No la haga por él en la tierra. He visto demasiado de todo esto. No quiero que vuelva a suceder, incluso cuando yo ya no me encuentre aquí para verlo.

INTERRUPCIÓN:
Susto

Sufrí un pequeño susto esta semana. Estuve muy indispuesto durante un par de días. La fiebre subió alto. La cabeza me dolía tanto que no podía mantener mis ojos abiertos si había luz en la habitación. No podía leer y mucho menos escribir notas.

Temí que tal vez me había demorado demasiado en completar este proyecto. Me apenó pensar que tendría que dejar escritos fragmentados en lugar de un libro completo. Me desesperé porque no tendría tiempo de pedirles a mis nuevos jóvenes amigos que me ayudaran a pulir el manuscrito y eliminar cualquier error manifiesto. Supongo que usted disculpará algunos errores aquí y allá. No obstante, es mejor que yo los encuentre y los corrija primero.

Me resulta escalofriante pensar en morir repentinamente justo cuando tengo algo importante que decir o hacer. Por supuesto que tuve que vivir con este pensamiento durante gran parte de mi vida. Eso sucede cuando uno es perseguido o está preparando una acción militar.

Supongo que usted, al igual que yo, ha desarrollado trucos para mitigar este temor. Llevar siempre una carta de despedida oculta en el uniforme, otra en las botas y otra en la bolsa de dormir. Mis pensamientos eran macabros pero realistas. Si me mataba una mina terrestre, quizá se preservaría la carta en mi pecho. Si una bala de mortero me arrancaba la cabeza, tal vez alguien encontraría la carta en mis botas cuando intentara quitármelas. Quizá la bolsa de dormir protegería la carta si todo mi cuerpo fuera despedazado. Hacía todo esto además de darles las cartas a otros camaradas para que me las guardasen. Yo quería aumentar las probabilidades de que alguien las encontrase en el caso de que toda nuestra patrulla resultase aniquilada.

Sin embargo, ahora el temor es más apremiante. No se trata de sobrevivir a una batalla o durante un año más. Sea cual fuere la circunstancia que hoy logre superar, no será por demasiado tiempo. Quiero ubicar copias de mis últimos pensamientos acerca de la revolución en cientos de lugares diferentes para que alguien como usted pueda hallarlas en cualquiera de los sitios en los que se están desarrollando revoluciones armadas.

Me pregunto si las revoluciones armadas serán invariablemente necesarias. ¿Existirán siempre lugares sobre la tierra en donde los mecanismos de cambio no-revolucionarios sean coartados por un dictador o por los adictos a sistemas injustos fuertemente arraigados? Al menos parece necesario ser capaz de imaginar un mundo en el cual la insurgencia armada no siga siendo la única opción para lograr un cambio. Encuentro muy difícil hacerlo pero estoy determinado, aún en esta etapa de mi vida, a por lo menos imaginar destellos de ese mundo. Usted sabe y yo sé que la única manera en la cual un mundo mejor puede convertirse en realidad consiste primero en imaginarlo. Si es posible visualizarlo, entonces sólo nos resta resolver el problema de cómo convertirlo en realidad. Pero si no es posible imaginarlo, entonces no existe ningún horizonte al cual llegar.

Discúlpeme, estoy desviándome nuevamente. La cuestión es que no dispongo de mucho tiempo. Espero poder dejarle un libro terminado. Si no lo logro, por favor acepte aquello que fui capaz de completar en el tiempo que aún me resta.

Poder, sexo y sadismo

Habiendo vivido un día más para escribir, discutiré un asunto que muchos preferirían que no tratase. Es el lado sucio de la guerra y por lo tanto a veces también es el lado oscuro de la revolución. Son los actos por los cuales nadie recibe una medalla y por los que pocos enfrentan jamás una corte marcial. Supe que una vez una mujer diabólica le cortó el pene a un tipo, probablemente con justa razón. Pero bueno, esa es otra historia.

Las revoluciones se refieren a arrebatar el poder a aquellos que están abusando del mismo o que lo acaparan para sus compinches y no lo comparten con otros que tienen el mismo derecho a vivir vidas dignas. Atañen a la creación de libertades públicas, el derecho a vivir según las creencias personales y la oportunidad de hacer que la vida de individuos y comunidades resulte tan decorosa como sea posible. No se refieren a usted adquiriendo poder en primera persona. No obstante, cuando usted decide arrojarle el guante al opresor, recoger un arma y comenzar a recorrer su terruño, inmediatamente adquiere cierta cuota de poder.

Nadie comprende plenamente la relación entre poder y sexo. Todos sabemos que existe cierto tipo de vínculo. Debe haberlo si es que las teorías evolutivas encierran alguna verdad en ellas. Tenga en cuenta que yo no suscribo totalmente a estas teorías pero sería un viejo estúpido si las refutase por completo. Si las especies están diseñadas para sobrevivir y uno de los mecanismos para asegurar la supervivencia es el hecho de que los machos más fuertes logran inseminar a más hembras que sus rivales menos potentes, entonces existe una relación entre sexo y poder.

Ahora, todo esto es teoría. He observado a hombres poderosos por casi un siglo y en la práctica no siempre funciona de este modo. A menudo sí, pero no siempre. V.I. no era un mujeriego. Tampoco lo era el Che aunque tuvo esposa y luego una amante que se convirtió en su siguiente esposa. Ambos canalizaban tanta energía a través de la revolución que no estaban tan propensos al sexo como otros hombres o al menos así me parecía a mí.

Sin embargo, muchos otros hombres involucrados en la revolución, no perdieron en lo más mínimo su interés en el campo sexual. Por el contrario, su motivación fue precisamente el sexo. Tal vez no eran pensadores revolucionarios tan profundos como V.I. o el Che. En todo caso, ponga armas en las manos de estos hombres y envíeles de campaña sin la compañía de sus mujeres. Reconocerá entonces que esta es la receta más efectiva para instalar el estupro como característica de su revolución.

Por supuesto, aquí es donde entra a jugar la disciplina. El Che era bastante inflexible acerca de estas cosas. No quería provocar la indignación de los campesinos pues dependía de ellos en cuestiones de alimento e inteligencia. Puede suceder que una muchacha se enamore de usted, con su boina, su barba y el fusil en sus manos. Pero no sea ambiguo en cuanto a si ella está realmente interesada en usted o si es usted quien la está forzando. Poner en riesgo la revolución puede llegar a costarle la vida.

Una vez más, el tipo de comportamiento del conjunto depende del liderazgo. Demasiado a menudo, el líder sienta un mal ejemplo o se hace de la vista gorda. Los hombres armados comienzan a imponerse sobre las mujeres por la fuerza, incluso sobre las adolescentes. Existe algo intoxicante en el ejercicio de este poder. La combinación de sexo y poder dispara algún tipo de transformación. Un estímulo especial actúa sobre una parte del centro de placer del cerebro que usualmente permanece inaccesible. Un ejemplo más del complejo ensamblaje evolutivo. La incitación resulta arrolladora.

Existen algunos placeres que no deben probarse jamás pues vuelven loco al hombre, le dominan y arruinan su vida, le quitan cualquier mérito o valor. Entre estos están la heroína, el exceso de alcohol y la violación. ¿Por qué cree que algunos hombres violan una y otra vez? Al igual que un drogadicto, los hombres expuestos a estos extraños e irresistibles estímulos de placer desean más y más. Harán cualquier cosa para estar "allá alto" nuevamente. Se erosiona la capacidad de discernimiento sobre sus actos. Su comportamiento se vuelve incontrolable ante cualquier cosa que se interponga en su camino.

Por supuesto, los otros hombres vinculados a las mujeres que resultan víctimas de esta agresión —padres, hermanos, maridos e incluso hijos—

no permanecen impávidos mientras sus mujeres son tomadas. Luchan con uñas y dientes. Entonces, el predador ya no sólo muestra su poder sino que también debe usarlo. La adrenalina fluye. Degüella, apuñala, golpea y acribilla los cuerpos de los hombres que protegen a sus mujeres. Les acobarda humillándoles de las maneras más vergonzosas. Como parte de esta acción, sin pausa ni respiro, ejecuta su intención original y tiene sexo con estas mujeres en todo tipo de modos, sin ningún grado de inhibición social. El estímulo, las hormonas, los sentimientos de poder primitivo y la satisfacción animal se mezclan en un cóctel narcótico novedoso. El predador está atrapado y en él nace un violador sádico.

Cuando esto sucede en la guerra, usted ya no tiene un soldado. Por definición, un soldado es disciplinado. Lo que se obtiene es un delincuente, un truhán, un asesino. Cuando esto sucede en la revolución, usted ya no tiene un revolucionario. Por definición, un revolucionario lucha por mayor justicia. Este hombre se ha convertido en un perpetrador de la injusticia.

Si este hombre no tiene demasiado poder, el daño que inflingirá será limitado. Con seguridad arruinará las vidas de los infelices que caigan en sus manos. Sin embargo, es de esperar que sus camaradas o su comandante de campo le pongan fin al flagelo antes de que continúe ocurriendo por demasiado tiempo. La revolución no puede echarse a perder por motivo de sus actos.

No obstante, si el predador pertenece a un escalafón alto, el daño resultará más extenso, se producirá lentamente y permanecerá cuidadosamente oculto a la vista. El peligro que atenta contra la dignidad humana puede mantenerse invisible hasta que la revolución triunfe. Tal vez a este hombre se le asigne responsabilidad sobre la seguridad, la pacificación o la reeducación. El sexo forzado y el sadismo son hermanos. Al igual que los opresores cuyo derrocamiento costó tantas vidas, la bestia establecerá cámaras de horror sustentadas sobre la autoridad que le otorga la revolución. Seducirá a otros hombres en su degeneración, exponiéndoles a la intoxicación del poder, la tortura y el sexo. Estos hombres se convertirán en sus cómplices, violadores y cautivos sicológicos. Como los drogadictos que necesitan de dosis cada vez mayores para alcanzar el clímax, estos nuevos opresores necesitarán superar más y más barreras de crueldad y coerción para lograr su propia excitación.

Los gritos de sus víctimas se oirán a través de los gruesos muros de las prisiones y hasta cientos de metros de distancia.

Surgirán las excusas: "Estamos interrogando a los contrarrevolucionarios, castigando a los colaboracionistas, intimidando a quienes pueden brindarle apoyo al enemigo, vengando la injusticia". Todas son excusas. Por debajo de ellas sólo existe una gran enfermedad mental y moral.

No hay opción si se pretende salvar el honor y el buen nombre de la revolución. Se debe prevenir el comportamiento sádico antes de que surja, detenerlo si comienza, aislarlo si se arraiga, exterminarlo si se resiste y persiste. Es la mismísima revolución la que está en juego.

Un acto de crueldad sádica se multiplica mil veces cada vez que alguien lo relata. Una imagen de espanto se graba en las mentes de quienes se pretende ganar para la causa y eclipsa todo intento de conquistar su confianza. No permita que un acto de sadismo pase impune. Envíele al perpetrador un mensaje que nunca pueda olvidar. Es el único modo que podrá salvarle como revolucionario valioso. No permita que un sádico comprobado retenga poder alguno dentro de su movimiento. Expúlsele o limítele a funciones en las cuales no detente poder y bajo el comando de alguien que no tema imponer la disciplina.

El sexo es sexo y no debe permitirse que se convierta en tortura. El sexo es una realidad en la vida y también en la lucha armada. En general no puede especularse con la solución del celibato inmaculado. El Che solía irritarse cuando sus hombres se escabullían en los prostíbulos donde podían contraer enfermedades o ser presa de las informantes que buscaban pistas de los movimientos del ejército revolucionario. A diferencia de la guerra convencional, recuerdo que resultaba muy riesgoso admitir acompañantes durante las campañas pues podrían demorar la marcha o indicar nuestra posición con señales delatoras. Además, en los campamentos había muy pocas mujeres revolucionarias para tantos hombres y su presencia acarreaba más problemas que soluciones.

La mejor expectativa era que las mujeres jóvenes de los lugares que recorríamos se sintiesen atraídas por la valentía de los hombres en nuestras filas y que pudiesen ignorar, sin reservas, el olor de los combatientes adquirido después de meses usando ropas sucias y sin bañarse. Los vínculos de amistad evitaban que los hombres se volviesen irritables y se agrediesen unos a otros. Sin embargo, el riesgo siempre asechaba en la patrulla en cuanto a cómo se comportarían los hombres fuera de la vista de los oficiales si el atractivo de su condición de guerrillero no resultaba suficiente.

Yo —que ya no puedo mantener una erección y que no he podido hacerlo desde hace más tiempo del que han vivido algunos de ustedes—, les digo con cierto cinismo ¡báñense más a menudo! Vuélvanse más atractivos. Ya son delgados, fornidos y temperamentales, algo que las mujeres encuentran atractivo. ¡Ahora, asegúrense de que ellas al cerrar sus ojos no les confundan con un chivo!

Hablo con cierta ligereza pues, como en tantos de estos asuntos, no existen respuestas fáciles. Sin embargo, son claros los riesgos y las consecuencias. Detenga los daños cuando aún son menores y así evitará que se conviertan en crímenes.

Tal vez estos asuntos me parecen importantes porque soy un hombre viejo. Por lo que sé, hoy hay tantas mujeres como hombres en los grupos revolucionarios. Quizás la cuestión del sexo ya está resuelta en los cuadros mixtos. Incluso puede ser que, como sucede en las cárceles, exista mayor tolerancia para el sexo entre hombres. He leído acerca de estas cosas pero no las he experimentado.

Si usted es un revolucionario religioso, tal vez al hablar de estos temas estoy insultándole. Lo lamento pues no es mi intención ofenderle. Sólo pretendo prevenirle.

Soy simplemente un faro advirtiéndole que se mantenga alejado del peligro. Evite las rocas que pueden hacer naufragar incluso a los barcos y a los navegantes más dignos.

María

Jorge enrolló la estera, controló los cintos de municiones, llenó con agua las cantimploras y guardó sus preciados binoculares en el morral. Se estaba preparando para una maniobra como tantas veces antes.

Palpó discretamente la cruz en su cuello e invocó protección aun sabiendo que esto no estaba de acuerdo con el espíritu revolucionario.

En esta ocasión se dirigiría hacia el norte. Se necesitaban suministros desesperadamente. Les habían informado acerca de un convoy que pasaría por allá en un par de días. Él y su pequeño grupo debían interceptarlo. Rogaba que no se tratase de una emboscada.

Jorge no lamentaba tener que participar en esta incursión. El tiempo transcurría tediosamente en el campamento. Era bueno entrar en acción. Además, existía otra razón que le animaba.

Había pasado muchas noches recostado en su catre sin poder conciliar el sueño. Demasiadas noches durmiendo solo. A menudo y silenciosamente, intentando no molestar a otros camaradas o sentirse avergonzado ante ellos, Jorge se había atendido a sí mismo. No obstante, aquello ya no era suficiente.

En dirección norte estaba la aldea de Pueblito. Tiempo atrás había pasado cerca de aquel villorrio. Fue el día en que conoció a María. Ella estaba trabajando en un campo alejado del poblado.

Al principio María se quedó inmóvil. Tenía una buena razón para ser recelosa de estos sucios hombres armados. ¿Serían bandoleros o revoltosos? Los bandoleros eran un gran problema. Con los revoltosos nunca podía saberse. Los aldeanos les denominaban revoltosos en vez de guerrilleros o revolucionarios porque no se podía confiar demasiado en ellos.

Al verla, Jorge también se detuvo de inmediato. ¿Quién más podría estar cerca? ¿Corrían él y sus hombres algún peligro? Ordenó al grupo desplegarse y echarse a tierra para evitar ser un blanco fácil. Con sus binoculares inspeccionó cuidadosamente la ladera de la colina.

La mujer parecía estar sola. Algo no muy prudente pero que Jorge comprendía. En los tiempos que corrían, no había suficientes brazos disponibles para atender la tierra y la faena debía hacerse de todos modos. Los riesgos eran parte de la vida diaria.

Jorge se incorporó y se dirigió hacia la mujer. Hizo una señal identificándose como guerrillero. Sabía que ella no confiaría en esta señal pues los bandoleros también la hacían para engañar a sus víctimas antes de atacar. María se mantuvo inmóvil. Era inútil correr si estos hombres tenían malas intenciones.

Al acercarse, Jorge comprobó que la mujer era bastante linda. También observó que mantenía su brazo izquierdo oculto bajo la blusa. La precaución le hizo detenerse.

Jorge apuntó a María con su fusil y le ordenó extraer la mano que escondía bajo sus ropas. No había otra forma de saber si esta mujer podía estar sosteniendo arma.

María dudó y luego extrajo lentamente su brazo de entre las telas. Jorge se sacudió ante la impresión. El extremo del antebrazo era un muñón.

Las circunstancias eximían de todo el recato dictado por las buenas costumbres y entonces le preguntó directamente — ¿Qué le pasó en la mano?

—La perdí —respondió ella con rostro inmutable.

— ¿Cómo? —inquirió Jorge con cierta ansiedad.

—Un guerrillero —contestó María, empleando el término con el que los revolucionarios se denominaban a sí mismos.

Jorge se estremeció nuevamente. No estaba preparado para semejante encuentro.

—Los guerrilleros no hacen ese tipo de vainas —dijo Jorge con severidad.

—Pues éste me lo hizo —fue la respuesta desafiante de María.

Jorge asimiló serenamente el reto pero necesitaba saber más.

— ¿Y cómo fue? —preguntó Jorge.

—Yo no quise —respondió María secamente.

— ¿No quiso qué? —volvió a preguntar Jorge ante la parquedad de la mujer.

—Acostarme con él —contestó María sin rubor.

Jorge sintió la creciente necesidad de entender mejor lo que estaba oyendo. Luego dijo —Muchos hombres se acuestan con mujeres sin tener que amputarles un brazo. ¿Por qué éste hubo de hacerlo?

María comprendió que debería relatar toda la historia aunque odiase hacerlo.

—Traté de escaparme —dijo María con resignación— pero ese tipo me alcanzó y me tiró al piso. Cuando se abrió el pantalón y ya iba a violarme, zafé de su brazo, le agarré entre las piernas y con todas mis fuerzas le apreté las güevas. El pegó un grito y se apartó de un brinco. Traté de salir corriendo pero él logró cogerme de un tobillo y me tumbó al piso otra vez. Después sólo pude ver que en su mano alzada sostenía un machete y que, con todas sus fuerzas y sin ninguna misericordia, me lo estrelló contra el brazo izquierdo.

—Lo siento mucho —fue todo lo que Jorge pudo decir mientras intentaba reprimir el vómito que le provocaban las nauseas. Luego agregó —Seguramente odias a la guerrilla.

—No, no odio a la guerrilla —afirmó María.

Esto resultaba inconcebible para Jorge. Él aún odiaba a la policía que arrestó a su hermana bajo cargos falsos y permitió que un grupo de hombres la violasen durante la noche que estuvo en prisión.

Perplejo, le preguntó a María — ¿Cómo que no? ¿Por qué no?

—Ese día también había otros revoltosos —dijo ella retomando el término que usaba para estos hombres al rememorar los eventos que deseaba olvidar—. Cuando oyeron la bulla. Llegaron hasta donde estábamos cuando él recién me había macheteado el brazo. Les dio mucha rabia. Le gritaron: "¡Hijueputa! ¡Perro malparido! ¡Mira lo que hiciste!" Dos tipos le cogieron, le golpearon con la culata de sus escopetas y le amarraron los brazos. Otros dos tipos fueron donde yo estaba y me ataron un trapo en el brazo para detener la hemorragia. Luego me llevaron al pueblo e hicieron que me atendiera un médico.

Cuando me mejoré —prosiguió María—, fueron donde mi papá y pidieron perdón por lo que había hecho el otro. Le ofrecieron dárselo a la gente del pueblo para que se hiciera justicia. Mi padre dijo que no. Estaba deshecho. Les dijo que se fueran y que ellos hiciesen lo que se debiera hacer. Al rato de que se retiraron se oyó un disparo, uno sólo. Nunca volvimos a ver a aquel hombre pero todos en el pueblo creen que se hizo justicia.

—Si hubieran sido los bandoleros —agregó María para finalizar el relato—, me habrían dejado morir allí y hasta me habrían hecho más cosas. Aquel hombre era una manzana podrida pero los otros guerrilleros no eran malos.

Jorge quedó estupefacto ante la ecuanimidad con la cual esta mujer había relatado su historia.

—Si quieres —dijo ella—, puedes venir conmigo al pueblo a comer. No hay peligro.

Esa noche, después de la cena, María urdió una excusa para que Jorge le acompañase hasta el pozo. Cuando estuvieron más o menos retirados de los demás, tomó su mano entre sus manos.

—Tienes una mirada dulce —dijo María a Jorge mirándole a los ojos—. Yo también creo en tus razones para pelear. Me tocó pagar un precio pero tú también estás pagando. Vivir solo en el monte es triste. Si no te da mala impresión mirar mis heridas, podemos ayudarnos entre los dos y hacernos compañía.

Esa noche hicieron el amor sobre la hierba, en un campo no muy lejos de donde aquel revoltoso cometió el estrago. Desde entonces habían pasado dos meses. Jorge pensaba que tal vez a la noche siguiente volvería a dormir con María.

El mensch

Mensch es una palabra del idioma alemán que significa persona u hombre. Sin embargo, su significado más interesante proviene del yidis o ídish, la lengua cotidiana de los judíos europeos. Es frecuente encontrar judíos en los movimientos revolucionarios, tanto en Europa como en Sudáfrica y en América. Supongo que la razón proviene de su historia en el Antiguo Egipto, cuando se revelaron en contra de la esclavitud. Por cierto, no eran pocos los judíos en los cuadros bolcheviques. Lamentablemente, el antisemitismo impidió que Trotsky sucediera a V.I. después de su muerte. Trotsky era un duro pero no era cruel como el Águila de la Montaña. Pudo haber conducido la revolución en direcciones que habrían asegurado su perdurabilidad. Sin embargo, no tiene sentido que yo haga ahora una crítica retrospectiva pues me desviaría del asunto que quiero tratar.

Los judíos emplean la palabra *mensch* para referirse a un hombre respetable, a una persona de temple. Alguien que hará lo correcto aun cuando éste no sea el curso de acción más fácil o el camino del menor esfuerzo.

En el turbulento mundo de las revoluciones, aquel en el cual se agitan los rencores, mientras las facciones compiten por el mando, cuando el disenso político puede conducir al paredón y los líderes con egos envanecidos sólo actúan para consolidar su poder personal, el *mensch* es el individuo que marca la diferencia entre la acción constructiva y el caos destructivo.

Existen grandes *menschen*. En mi libro, Mandela es el más grande pero no el más importante. ¿Sabe quién es el más importante? ¡USTED! Usted, si es que se convierte en un *mensch*. ¿Por qué digo esto?

Las revoluciones son complicadas. Personas de ambos bandos e incluso neutrales resultan heridas. Existe una gran consternación. La única razón que justifica tanto dolor y sufrimiento es que el régimen opresor ya está produciendo demasiado de ambos. La revolución combate fuego con fuego. Si un incendio está consumiendo cientos de hogares, todo el mundo concuerda en que crear una barrera cortafuego es una acción razonable, a menudo una medida necesaria, aun cuando al hacerlo se destruyan algunas otras casas.

La revolución crea una barrera cortafuego. Le dice a los opresores: "¡Basta ya! ¡Vuestra opresión tiene consecuencias! No nos mantendremos de brazos cruzados. Pelearemos contra ustedes con sus armas o con las nuestras. No crucen esta línea. Detengan la propagación de tanta desolación. Consúmanse en las llamas de su corrupción y odio. Ya no avanzarán más. ¡Les detendremos y les obligaremos a retroceder!"

Sin embargo, al combatir fuego con fuego, personas de ambos lados resultan quemadas. El *mensch* se dice a sí mismo: "Mi propósito no es crear sufrimiento sino aliviarlo. Si puedo mitigar el dolor sin poner en riesgo la revolución, lo haré." El *mensch* jamás es flojo cuando se requiere firmeza pero tampoco es severo por el simple hecho de serlo.

El *mensch* ve a un soldado enemigo morir. Le ofrece un poco de agua y le promete intentar enviar una carta a su esposa cuando cesen las hostilidades.

Tiene un pase para tres días de licencia. Sin embargo, su familia no está en esta región mientras que la de su camarada sí lo está. El *mensch* le cede el pase a su compañero.

Las facciones de la coalición revolucionaria discuten entre sí sin llegar a un acuerdo. Las demandas de una parte no son razonables pero no afectarán realmente a la facción propia. El *mensch* accede a las demandas en pos de un beneficio mayor.

No permite que otros se aprovechen de él o que le atropellen. Se levanta en defensa de su dignidad y de sus derechos. No obstante, toma muy en cuenta la dignidad y los derechos ajenos. Genuinamente. No de la boca para afuera.

El *mensch* no es necesariamente un héroe. Sus acciones no demandan coraje. Sólo requieren tener respeto hacia los demás. Se exige ser maduro, responsable y considerado por el bienestar de los otros.

Si el *mensch* da su palabra, la cumple, aun cuando le cueste hacerlo. Si comete un error, lo reconoce, aun cuando le cueste admitirlo.

El *mensch* hace lo correcto aun a pesar del precio que deba pagar por ello. Hace lo correcto porque es lo que corresponde hacer sin especular con el reconocimiento y la eventual recompensa. Hace lo correcto incluso cuando otros no lo hacen.

Si además tiene coraje, entonces el *mensch* es un héroe.

Ve a sus camaradas aterrorizar a una joven. Sosegadamente les dice: "Camaradas. Esto está mal. Déjenla ir." Si ellos son presa del frenesí y se vuelven contra él, mantiene su posición. Acepta el riesgo de resultar herido, morir o ser excluido con tal de hacer lo correcto. El *mensch* ha alcanzado un nuevo nivel y se ha convertido en héroe.

Los héroes son extraordinarios. Son el contrapeso de los monstruos. Si usted puede ser un héroe, le felicito. Si no puede, le comprendo. No obstante, por lo menos sea un *mensch*.

Si sus filas están llenas de *menschen* no ocurrirán atrocidades. Usted no alentará venganzas y hará que la batalla resulte más honorable. Si alcanza la victoria, logrará que su gobierno sea más digerible para quienes lo resistieron.

Los pequeños tiranos y abusadores hacen la vida miserable. Los *menschen* hacen la vida más tolerable. Restauran la confianza en la condición humana.

¿Ha oído hablar del efecto mariposa? Es una especulación muy peculiar basada sobre una teoría según la cual cambios insignificantes en las condiciones iniciales pueden producir resultados significativamente diferentes. Originalmente se aplicó a sistemas físicos complejos como el clima. Si una mariposa bate sus alas en Brasil, genera tenues corrientes de aire que se reproducen sin cesar. Comienza así una pequeña onda que crece y crece, amplificándose hasta el punto en que, teóricamente, puede llegar a provocar un tornado en Texas.

Algunos sociólogos apelan a esta teoría al describir nuestra capacidad individual para influenciar sobre el mundo. En cierto modo, esta hipótesis no difiere de las ideas del Che, quien marchó a Bolivia junto a dieciocho hombres con la esperanza de crear un efecto revolucionario expansivo a través de todo el continente. Sin embargo, la teoría no toma suficientemente en cuenta todas las otras fuerzas que ejercen efectos contrarios. ¡No obstante, observe hasta donde ha llegado el efecto del Che agitando sus alas!

Usted no puede pronosticar cuál será el efecto multiplicativo de sus pequeños actos individuales de bondad y respeto hacia los demás. Tal vez sea insignificante o quizás modifique el curso de la historia. Si hay un millar de *menschen* en sus filas, si diariamente se realiza un millar de actos de justicia, no tengo dudas de que esto marcará la diferencia. Tal vez debamos denominarlo efecto de las mil mariposas. Sin embargo, usted no puede aguardar a que las otras novecientas noventa y nueve mariposas tomen la iniciativa. Agite sus alas ahora. Vea qué sucede.

He recorrido los montes junto a *menschen*. Tengo el honor de haberlo hecho. Ellos enriquecieron mi vida. Espero tener el honor de caminar junto a uno como usted.

El héroe

Todos ustedes pueden llegar a ser un *mensch*. Sólo unos pocos serán héroes. Permítanme explicar por qué.

Ustedes ya son héroes en algunos aspectos. Han elegido llevar adelante una tarea intimidante y están arriesgándolo todo en su consecución. Así es la esencia del heroísmo. Enfrentarse a Goliat con una honda. Ustedes cumplen con esta exigencia. No estoy intentando negarles este mérito.

Sin embargo, por extraño que parezca, en su situación el verdadero héroe no es quien se enfrenta al opresor. El verdadero héroe es aquel que osa enfrentar desde adentro a la revolución y a su propio grupo. ¿Cómo puede ser?

Un conjunto de fuerzas poderosas están en acción. Al dirigirme a quienes piensan en convertirse en revolucionarios, describí el camino que cada individuo debe seguir hasta alcanzar el punto de declarar su lealtad a un grupo en particular. También expliqué que, una vez tomada la decisión, la supervivencia del individuo queda inextricablemente unida a la del grupo.

De un modo u otro —mi querido revolucionario—, usted ya ha transitado esta senda. Tal vez no lo ha hecho del mejor modo, con plena conciencia. Quizá necesite desandar y rever algunos pasos. Sin embargo, este es el camino que ha recorrido.

Ahora es precisamente cuando aparece el grave riesgo intrínseco de la revolución. En cualquier grupo revolucionario existe libertad para el debate acerca de la ideología y la estrategia pero sólo dentro de ciertos límites. Estos límites determinan quien es miembro del grupo, en quien se puede confiar y en quien no, quien es un revisionista potencial o, en el peor de los casos, un traidor. De este modo, a pesar de lo tolerantes que estos grupos se ven a si mismos en contraste con el opresor, ellos también desarrollan una ortodoxia que sólo puede desafiarse bajo riesgo de muerte. Es aquí cuando se necesita del héroe.

Existe bastante recelo por parte del grupo en cuanto a aceptar que miembros individuales hablen libremente acerca de las reservas, dudas o temores que puedan tener. Si cuestionan demasiado, corren el riesgo de ser excluidos y, en casos extremos, reducidos o asesinados.

Esto también le cabe a usted, mi estimado camarada. Imagino lo que debe estar pensando: "¡Élan no sabe de qué habla! ¡Nunca ha estado en una de nuestras interminables sesiones nocturnas donde algunos no hacen otra cosa que disentir con otros! ¡Muchas veces he deseado golpearles por ser incapaces de llegar a un acuerdo!" Por supuesto que usted tiene razón en cuanto a esto. Sin embargo, toda la discusión y el desacuerdo siguen estando dentro de ciertos límites. No se violan ciertos tabúes que todos los presentes conocen aunque nunca los mencionen. Sea honesto consigo mismo y reconozca que probablemente ha escondido ciertas dudas en los rincones de su mente, censurado algunas ideas y sufrido culpa por el simple hecho de tener estos pensamientos pues los mismos huelen a revisionismo, denotan escaso compromiso o están peligrosamente cerca de las posiciones de un grupo rebelde competidor.

Esto es muy normal en cualquier grupo y muy debilitador. Puede estar seguro de que, incluso alrededor de las mesas de reunión del opresor, hay ministros que tienen pensamientos de disenso que usted aprobaría pero que no los expresan porque no quieren mostrarse blandos. El deseo de pertenecer y ser alguien en quien se pueda confiar gravita sobre cada individuo del grupo coartando la posibilidad de que cualquier pensamiento radicalmente diferente pueda escaparse de su mente o de sus labios. En apariencia existe un debate profundo, a veces así lo es, pero casi siempre dentro de confines tácitos que limitan lo que se puede pensar y decir.

El héroe es un héroe porque desea decir lo indecible. Se anima a expresar un pensamiento revolucionario que puede obstaculizar los objetivos de la revolución. Se atreve a hablar de políticas que parecen infringir los principios revolucionarios. Osa denunciar actos que violan los valores humanos sobre los que se concibió la revolución.

No habla para desestabilizar o distraer al grupo, ni para llamar la atención o acaparar poder. No habla para socavar el liderazgo existente. Habla movido por el amor que siente hacia la revolución y los valores que determinarán el futuro a construir. Si acaso teme por su bienestar, teme más por el bienestar de la revolución y así lo dice.

A veces se le escucha y ejerce influencia. Otras veces es abucheado. En ocasiones es exiliado y no regresa durante años hasta que los hechos prueban que estaba en lo cierto. A veces jamás retorna.

Aquéllos con menos coraje que el héroe, se afanan compitiendo en demostrar quién puede exhibir su ortodoxia de manera más alta y más fuerte, quién es el más duro y el más dogmático en cuanto a su pensamiento revolucionario, en quién puede el líder confiar o tener en cuenta como futuro sucesor.

Esto no sólo sucede en los órganos centrales del partido o en los mítines políticos. También ocurre en el campo de batalla. A menudo se observan demostraciones de machismo, fuerza y rudeza, actos de bravata que lastiman o humillan a terceros. Un camarada que reniega en contra de estos actos sufre burlas y amenazas. El instinto de la jauría es la uniformidad. El héroe se enfrenta a la jauría cuando ésta viola los valores sobre los que debe construirse la revolución. Si triunfa, la revolución resulta más sana y más sólida. Si fracasa, a menudo paga un alto precio personal. Si embargo, el precio es menor al que los otros pagan al deshonrarse a sí mismos.

Usted puede hallarse en una situación que demanda el levantamiento de un héroe. Quizás sus rodillas tiemblen en el momento crucial y se le reseque la boca. Espero que comprenda bien cuáles son las fuerzas que operan en su contra. Tal vez llevará tiempo antes de que pueda superarlas, erguirse y hablar en voz alta cuando resulte importante que una voz se alce. Sin embargo, ahora ya es capaz de reconocer el coraje de cualquiera que se rebele y puede brindarle su apoyo. Esto es algo que ya puede hacer. A veces, la voz que secunda al héroe es la que logra cambiar la corriente. Alguna vez podría llegar a ser su propia voz.

El diario de Sasha

7 de septiembre de 1920

Botas mojadas. Plantas de los pies empeorando.

Se dice que el Ejército Blanco se está replegando en todas partes. Orgulloso de ser parte de la defensa de la revolución.

Ojala los pies estuviesen secos.

9 de septiembre de 1920

Pies comienzan a agrietarse entre los dedos.

Me ordenaron ir a V--- en la provincia Tambor. Necesidad de mejorar la seguridad. Sin mayor explicación acerca de nuestro objetivo. Ignoro si el Ejército Blanco continúa activo en la región.

10 de septiembre de 1920

Viajando hacia V---. Jamás agradecí tanto un invento como el del ferrocarril. Mis pies no podrían haberme llevado hasta allá. Dos días dentro de un vagón seco permite que los surcos entre los dedos mejoren.

Mis hombres están agradecidos por lo demás. El tren mece a muchos de ellos haciéndoles dormir como bebés.

13 de septiembre de 1920, V---

Llegamos hoy. Situación confusa. No hay fuerzas armadas reaccionarias en la zona. Recibidos en la estación por multitud de campesinos. Algunos enojados y agresivos. Otros suplicando. Difícil prestar atención a sus asuntos mientras tengo que acantonar a mi tropa.

Llueve nuevamente.

14 de septiembre de 1920

El Comandante Regional nos convocó a todos los jefes de tropa. Intentó aclarar la situación. Algunos campesinos están causando problemas. Esperaban que nosotros, los Bolcheviques, redistribuyésemos la tierra. En cambio exigimos a los campesinos entregar la cosecha para alimentar a las ciudades.

Ordena buscar y eliminar a quienes resisten las órdenes del Partido.

15 de septiembre

Conduje a los hombres de casa en casa buscando granos ocultos. Un kulak me llevó a un costado para hablar. El Camarada Lenin nos advirtió que los kulakes son reaccionarios. Tienen más tierra y animales, más que perder.

El kulak me taladró el cerebro durante dos horas, asegurándome que apoyaba a la revolución pero que deseaba guardar grano suficiente como para alimentar a su propia familia y volver a sembrar. Parecía razonable.

Observó el estado de mis botas. Me ofreció un par con poco uso. Su hijo había muerto combatiendo a los Blancos cuando estuvieron aquí. El hijo tenía pies pequeños como los míos. Le complacía que yo pudiera llevarme sus botas.

18 de septiembre

Registrando las casas durante tres días. Desagradable. Mujeres ancianas llorando o vociferándonos. ¿Qué deberíamos hacer? Enviamos ocho vagones de grano a la cabecera de línea férrea para ser despachados a las ciudades. Nuestra contribución.

Al fin apareció el sol. Luego las nubes volvieron a molestarnos.

Hoy es el cumpleaños de mi hermano Alex. Él está en otro regimiento. Me pregunto qué comisión estará cumpliendo en su cumpleaños.

19 de septiembre

Un mal día. El Comandante Regional bajó línea. Nos ordenó ser más duros. Los kulakes están volviendo a los campesinos en nuestra contra. Los campesinos están escondiendo el grano y organizando milicias. Debe sentarse algún ejemplo con los agitadores.

Al menos mis pies están secos.

20

El Comandante aún está con nosotros. Ha comenzado a dar órdenes directas a mis hombres. Mi estómago está anudado. Siento como si estuviera perdiendo control de mi comando.

21

Estoy conmocionado. No sé qué hacer ni con quién hablar.

El Comandante dijo que debíamos ser más duros. El camarada Lenin así lo espera. Le ordenó a una familia kulak salir de su casa. La misma familia que me dio las botas. Cuando salieron, nos hizo arrojar antorchas sobre la casa. Toda la familia comenzó a gritar en protesta. El hijo sobreviviente del kulak corrió a echar agua sobre el fuego. El comandante le disparó en el pecho. Murió en los brazos de su padre. Jamás observé semejante mirada en los ojos de un hombre.

Estoy muy confundido. Este padre ya había entregado un hijo a la revolución. ¿Por qué uno más ahora?

22

¿Sabrá el camarada Lenin lo que está sucediendo? ¡Jamás lo toleraría! Sin embargo, nuestro Comandante dice que las órdenes vienen directamente del camarada Lenin.

Hemos incendiado casa tras casa. Se aproxima el invierno. ¿Qué hará esta gente?

El Comandante dice que ahora los campesinos están armando un ejército de mil hombres. ¿Por qué lo están haciendo? ¡Nosotros somos Rojos, no somos Blancos! El mundo parece estar dado vuelta.

26 —Final

Llueve nuevamente. Regalé mis botas pues ya no las necesitaré. Me fusilarán en pocas horas más. Será un castigo aleccionador para los otros jefes de tropa.

Aún estábamos incendiando las casas de los campesinos. El Comandante me ordenó encerrar a las familias dentro de las casas colocando barras en las puertas y ventanas para impedirles salir. Dijo que debíamos ser más duros. Establecer un escarmiento más fuerte.

Pude ver el rostro de mi esposa e hijos en las caras de estas familias. No pude obedecer. ¿Por qué razón estábamos matando campesinos? Los zaristas eran el enemigo. Rechacé la orden delante de los hombres. El Comandante ordenó mi arresto y atrancó las casas con sus propias manos. Aún escucho los gritos horribles. Es bueno que muera pues así no tendré que escuchar los gritos por el resto de mi vida.

Mis hombres se escabullen para venir a verme expresándome que tengo razón. Es su manera de decirme adiós. Están muy atemorizados como para desobedecer al Comandante.

Lo único que les pedí es que hagan llegar a salvo este diario a mi hijo. Quiero que él sepa. Es muy confuso. No deseo herir a la revolución. No obstante, creo que hice bien.

Me pregunto si debería haber detenido al Comandante. Amotinarme y arrestarlo. No sé si los hombres me hubieran apoyado. Demasiado tarde ahora. Creo que hice bien.

Escucho la lluvia sobre el techo. Añoraré la lluvia.

Amo a mi familia.

Digo adiós a cada uno de ustedes. Apoyen al camarada Lenin.

INTERLUDIO:
Cómo vine a parar en Norteamérica

Debe haber algo que usted se está preguntando. ¿Cómo vine a parar en Norteamérica habiéndome alineado en contra de este país durante la mayor parte de mi vida?

Como usted sabe, la vida está llena de vueltas. ¿Por qué O'Higgins luchaba para liberar a Chile? ¿Cómo fue que San Martín pasó los últimos años de su vida en Bruselas, París y Boulogne-Sur-Mer? ¿Pudo Trotsky predecir que moriría en México? ¿Kerensky que viviría la mayor parte de su vida en Nueva York? ¿El Che que combatiría en Cuba, Congo y Bolivia pero jamás en Argentina?

Seré franco con usted. Apenas pude sobrevivir la era de Stalin. Me resultó difícil resistir en casi todo aspecto —física, sicológica y políticamente—. No entraré a pormenorizar cada una las tantas veces en las que me salvé por un pelo.

Mi primer respiro se produjo a fines de 1936 cuando el KOMINTERN se comprometió a colaborar con los antifascistas en España antes de comenzar a considerar a los Republicanos como una amenaza para el predominio Bolchevique. Fui enviado a Madrid como un comisario político para instruir a todos aquellos maravillosos y esperanzados voluntarios acerca de las realidades de la revolución política. Me relacioné entonces con muchos miembros del Batallón Abraham Lincoln y la Batería John Brown, ambos pertenecientes a la excitante XV Brigada Internacional. ¡Qué jóvenes tan valientes!

Esta fue mi primera apreciación en cuanto a que no todos los norteamericanos eran peones del sistema. Aquí había voluntarios con armas en sus manos y bondad en sus corazones que navegaron a través del océano para arriesgar sus vidas luchando contra el rufián de Franco. Pero su gobierno, como así también el de otras llamadas democracias, estaba cortado por diferente tijera. Subordinados a corporaciones cuyos intereses estaban en conflicto con prioridades democráticas y humanitarias, declinaron apoyar a las fuerzas antifascistas a la hora en que la República les necesitaba. Los golpistas, con ayuda ilimitada de Hitler y Mussolini, prevalecieron sobre los Republicanos. Los restos de las diezmadas Brigadas Internacionales regresaron a sus hogares en condiciones penosas.

Durante tres años esta misión me mantuvo alejado de la distorsionada idea de Stalin acerca de la dictadura del proletariado. Cuando regresé, me enfrenté al siguiente horror de mi vida: repeler la invasión del ejército de la Alemania Nazi. Obviaré los detalles espeluznantes de mi lucha y la de mis compatriotas para sobrevivir. Apenas pudimos lograrlo y emergimos de la batalla completamente exhaustos. Sólo las severas condiciones de la vida de posguerra me mantuvieron en pie.

Cuando recuperamos el aliento colectivo, el KOMINTERN volvió a analizar el panorama internacional con el fin de determinar en dónde debían aplicarse nuestros recursos para obtener el máximo resultado. Durante la guerra, la insaciable necesidad de petróleo evidenció que Medio Oriente era una región estratégica, clave para el desarrollo.

El KOMINTERN decidió quebrar el dominio que los ingleses y franceses mantenían sobre la región. Fui uno de los operadores enviados para observar qué tensiones podrían aprovecharse. Una vez más, me complació alejarme de las condiciones sombrías y represivas imperantes en mi tierra. Aunque habíamos derrotado a Hitler, yo nunca pude olvidar que Stalin había entrado en connivencia con el mayor de los rufianes. Luego el Führer se dio vuelta jodiéndole a él y a todos nosotros.

Después de los preparativos usuales, marché hacia Medio Oriente. Establecí mi base en Palestina. Nuestros planes eran imprecisos y mi misión era buscar oportunidades. Deambulé por la región con una cobertura creíble. Descubrí algo nuevo para mí. Me impresionó el intenso compromiso de los colonos judíos con el colectivismo. No eran pocos los que provenían de Rusia y podía verse la influencia del viejo sistema comunal puesto en práctica racional. La combinación de este modelo puro y simple de comunismo económico con la participación democrática directa en la conducción de la comunidad era la mejor aproximación que había visto de los ideales por los cuales yo había luchado.

Estos ya no eran los judíos que Hitler acorraló como rebaño y luego asfixió con gas. Estos judíos se habían transformado en guerreros. Confraternicé con la Banda Stern, un grupo que no renegaba del uso de la violencia para conmover al arrogante colonialismo de los lugartenientes británicos. Ben Gurión, el futuro primer ministro de Israel, tuvo que refrenarlos antes de que le hicieran perder el apoyo internacional. Contemplé cómo Israel lograba su independencia en unos pocos años mediante una presión diplomática y guerrillera balanceada más el voto favorable y decisivo de la Unión Soviética en el Consejo de Seguridad de las Naciones Unidas. Luego la observé luchar por su supervivencia frente a la vasta superioridad numérica de sus vecinos árabes. También la aclamé pues, como ya dije, en una pelea me gusta ayudar al más débil. Décadas más tarde me sentí muy defraudado cuando los israelitas olvidaron el sabor de la opresión convirtiéndose a su vez en opresores.

Después de aquello, jamás regresé a Rusia. Luego de que los Estados Unidos y la Unión Soviética se mostraron los dientes en Berlín, el KOMINTERN decidió llevar la lucha a la antesala de los Estados Unidos: Centroamérica. Yo había aprendido español durante mi trabajo con las Brigadas Internacionales y —a la edad de cincuenta— era uno de los más experimentados operadores disponibles. Fue así como me transfirieron directamente de Medio Oriente a Guatemala.

Fui partícipe de muchas acciones en Centroamérica. Allá había algunos héroes verdaderos que fueron eventualmente traicionados y eliminados. Fue suficiente como para que desistiera pero no lo hice. Finalmente terminé en Cuba viendo qué podía hacer. En principio, Fidel no tenía mucho apego hacia aquellos de nosotros ligados a la Unión Soviética. Utilicé este punto para convencer a mis jefes de que me desvincularan y permitieran actuar de manera independiente. Para entonces, yo me acercaba a los sesenta años y creo que me dejaron ir porque ya no me consideraban útil. ¡Desconocían que mis padres habían procreado a un hueso duro de roer!

En Cuba pronto conocí al Che y de inmediato congeniamos. Me cautivaba su energía, compromiso, estoicismo y agilidad mental. Creo que a él le agradaba que yo hablase por mi cuenta y no por el Partido, obviando pamplinas lisonjeras. Coincidimos en la Sierra Maestra y también en el Banco Nacional de Cuba cuando el Che regresó a La Habana intentando implantar un sistema económico nuevo. En 1962 me preguntó, muy confidencialmente, si me animaba a ir a Argentina para coordinar una cabeza de puente revolucionaria en las montañas del noroeste. No puede evitar reírme. ¡Yo tenía sesenta y cinco años!

Era hora de ir a casa y regresar a mi tierra natal como un elefante retornando a su hogar ancestral para morir. No me quedaban parientes allá. Nunca contraje matrimonio. Por lo tanto no había rehenes que garantizasen mi regreso (¡una práctica que me hacía hervir la sangre!). Si lo hubiera hecho, probablemente habría cambiado de lado político uniéndome a los disidentes. Estaba harto de la opresión. Lo que yo denominaba vieja energía revolucionaria no superaba la comparación con la joven energía revolucionaria que había conocido durante tantos años. El Partido y la Unión Soviética se habían convertido en otra banda de villanos.

Aún así, pude haberme quedado en Latinoamérica. La revolución cubana era joven y muy prometedora. Se cometieron errores pero no en la escala en la que se perpetraron en otros lugares. Castro se mantuvo fiel a sus planes y trajo bienestar social a las masas que habían sufrido tanto abuso. Tal vez si Fidel hubiera desarrollado un estilo menos dictatorial, el gobierno Norteamericano no le hubiera atacado tan implacablemente. Algunas cosas sólo pueden conjeturarse. También había otros grupos en Latinoamérica que se animaron luego de la experiencia cubana, algunos de ellos con líderes muy buenos. ¿Por qué entonces fui a los Estados Unidos?

Le diré la verdad si es que aún no la adivina. Fue por una mujer. ¡Una mujer más de diez años menor que yo y con quien simpaticé! Una mujer atractiva. Originaria de Cleveland, era miembro del Partido Comunista Americano y había venido a Cuba para ver por sí misma lo que estaba sucediendo, violando la vergonzosa prohibición de viajar impuesta por su gobierno sobre los ciudadanos norteamericanos. Vino tanto para desafiar la prohibición como para observar lo que estaba desarrollándose en la nueva era de Cuba: la educación, los hospitales y la reforma agraria.

Deambulamos juntos por Cuba y algo comenzó entre nosotros. Cuando uno ya cruzó los setenta, el amor de una mujer hermosa de poco más de cincuenta resulta irresistible. Se siente como la suspensión de una pena de muerte. Ella permaneció en Cuba durante unos meses. Cuando le llegó la hora de regresar a casa y enfrentar las consecuencias de su viaje ante las autoridades de Estados Unidos, me hizo una propuesta que me aterrorizó. ¿Estaría dispuesto a casarme con ella e ir a vivir a Norteamérica? Su marido había fallecido unos años antes. Soy incapaz de decir en cuantos aspectos esta proposición me conmocionó y no tengo idea cuál se registró más fuerte en la Escala de Richter.

¿Matrimonio? Esto por sí mismo ya es un seis. Había vivido toda una vida lejos de esa institución. ¿Comenzar ahora? ¿Dejar Cuba donde tenía camaradas y amigos para ir a un país extraño cuyo idioma no dominaba y en donde no conocía a nadie? ¿Ir, entre todos los sitios del mundo, justamente a Estados Unidos, el país que simbolizaba todo aquello contra lo que había luchado y vivir en el vientre de la bestia? ¡Eso ya casi era un ocho!

También pensaba que era desaconsejable para ella aumentar sus problemas con el gobierno llevando a casa a un agente soviético reconocido. Finalmente acordamos que primero yo viajase con un pasaporte y una visa falsa y que me quedara allá por seis meses antes de decidir acerca de su ofrecimiento. Con la ayuda de los recursos a los que teníamos acceso, obtuve papeles que no despertaron la sospecha de los Servicios de Inmigración. Partimos en el mismo vuelo aparentado viajar separados.

Yo no sabía del excitante momento político que me aguardaba en Estados Unidos. El movimiento de derechos civiles estaba movilizando a cientos de miles de estudiantes para poner fin a la indigna segregación racial que existía oficialmente a lo largo de los estados sureños y extraoficialmente en todo el país. En todas partes estallaba el activismo directo y la confrontación. Los intolerantes asesinaban a los paladines de la libertad y la policía reprimía a los manifestantes. Sentía que la vida me había favorecido una vez más, dándome la oportunidad de presenciar los albores de otro cambio revolucionario.

Por supuesto, yo estaba equivocado al respecto. No era verdaderamente una situación revolucionaria pero sí era cierto que la vida me había favorecido. Terminé casándome con la mujer y obteniendo derechos de residencia permanente en los Estados Unidos. Participé en las luchas por los derechos civiles y me involucré aún más al surgir el movimiento contra la guerra de Vietnam. Hubo momentos en los que me parecía que el país iba a estallar en una lucha violenta. Pero esto nunca ocurrió. Solamente bolsones de violencia se encendían y se extinguían continuamente. No obstante pude ver, casi sin poder creerlo, que el cambio ocurrió de todos modos. En el sur se abolió oficialmente la segregación racial y la guerra de Vietnam se detuvo sin necesidad de derrocar al gobierno de Estados Unidos.

Yo no era ingenuo y veía claramente que el aparato militar e industrial propiciaba muchos conflictos bélicos y que las condiciones de vida de los negros norteamericanos eran muy inferiores a las de sus compatriotas blancos. No obstante, como resultado de las tácticas de resistencia activa, la nación había avanzado significativamente pagando un costo relativamente bajo en cuanto a sufrimiento humano se refiere. Al comparar esto con el horrendo sufrimiento que presencié en la Rusia revolucionaria, en China y en muchos otros sitios, ya no estuve tan seguro de que la lucha armada fuese el método necesario y excluyente. Ya tampoco seguía incómodo con mi país adoptivo a pesar de todos los actos por los cuales esta nación aún debía responder.

Mi esposa falleció en mi octogésimo cumpleaños. Cruzó la calle en una intersección muy transitada y fue atropellada por un taxista desatento. Resulta irónico que uno pueda sobrevivir a tanta violencia y perder a un ser amado al cruzar la calle. La módica herencia que me dejó permitió que yo vivera de manera autosuficiente. Posibilitó que leyera todos los periódicos que leo a diario y los muchos libros que retiro de las bibliotecas. Ha hecho posible que siguiera las luchas revolucionarias que aún existen, entre las que admiro sólo a un puñado. Como ya le he dicho, he visto demasiado.

Ahora usted ya conoce mi historia. Posiblemente piense que este viejo se ha vuelto blando y que vive engañado. Quizás usted tenga razón, quizás no. Quién sabe si este anciano ha aprendido algunas cosas. Tal vez valga la pena al menos prestarle atención.

CAPÍTULO IV:
Después de la victoria

El juego final

> "Cuando las cosas marchan mal, se audaz.
> Cuando las cosas marchan bien, se reflexivo".
> —Proverbio tradicional coreano.

Concluir una revolución es tan difícil como comenzarla. Cada situación es diferente. Si usted no lo hace correctamente, desperdicia la oportunidad por la cual ha luchado durante tanto tiempo y corre el riesgo de descuartizar a la nación.

Es fácil dar lugar a una guerra civil al finalizar una revolución. Existen tantas facciones e intereses, tantos egos y puntos de vista correctos pero diferentes, tanto enojo y miedo, tanta desesperación y avaricia. También hay demasiadas armas desparramadas por doquier.

Piénselo del siguiente modo. Usted ha trabajado arduamente en el viñedo comunitario durante años realizando una labor agobiadora. Finalmente, sus viñas alcanzan la madurez y la uva está lista para la vendimia. Casi puede paladear su delicioso sabor deshaciéndose en su boca. Sin embargo, en vez de recoger la fruta, en este momento usted inicia disputas con otros trabajadores del viñedo o ellos riñen con usted. Se discute acerca de la subdivisión de la cosecha, los merecimientos de cada uno, el control de los sectores, sus derechos y posesiones, la administración del viñedo, la marca con que se comercializarán los productos. Todos se ponen en guardia. Al final, nadie logra disfrutar de los frutos de su labor. Peor aún, comienzan las peleas. Las estructuras principales del viñedo se reducen a escombros, la vendimia no puede elaborarse, las viñas se prenden fuego y arden con los últimos calores del otoño, las minas personales entre las hileras de parras arrancan las piernas de los trabajadores y de quienes se afanan por apagar los incendios. Nadie obtiene provecho alguno. El vencedor rige sobre una tierra arrasada, moral y económicamente quebrada.

Pinto un cuadro desolador porque precisamente así lo he visto ocurrir. También he visto pueblos pletóricos de felicidad cuando la revolución llega a un final exitoso. ¿Qué es lo que hace la diferencia? Usted debe hacerse a si mismo esta pregunta. Mientras busca la respuesta, compartiré con usted lo que he aprendido. En el ocaso de mi vida, esto es lo más precioso que tengo para legarle.

Aprendí que, en esta coyuntura crucial, existen ciertos principios que el líder revolucionario no puede desoír. Permítame describirle cómo los veo.

La nación debe ser preservada

La preservación de la nación debe ser un valor supremo a menos que la revolución niegue específicamente su legitimidad. Esto puede implicar la colaboración con facciones en las que no se confía plenamente, grupos que le traicionaron durante la lucha, personas cuya ideología es sustancialmente diferente de la suya. Es algo sumamente difícil de lograr. Usted ha combatido a Goliat por años y está en vísperas de derribarlo para siempre. ¿Por qué ceder ahora ante oponentes menos formidables? Se ha jugado la vida una y otra vez. ¿Por qué conformarse ahora con un triunfo parcial? ¿Por qué no arriesgarse una vez más e ir por la victoria total?

La respuesta es, precisamente, porque su país no está para ser puesto en juego. Su nación no es un juguete ni una diversión. Son demasiados los que sufren cuando por otra "última vez" se decide seguir el camino de las armas. Tal vez usted se enorgullezca de su fuerza. Sin embargo, no puede continuar apelando a ella cuando existen alternativas para negociaciones legítimas. Las armas son una herramienta desacertada para la labor a realizar. Si continúa echando mano de las mismas, finalizará confiando en el uso de la fuerza como el vehículo principal para conseguir lo que quiere o lo que cree que es necesario. La sociedad civil no se construye por la fuerza. Lo que era legítimo bajo las condiciones revolucionarias, aquellas en la que no era posible el diálogo ni la negociación, deja de ser válido cuando existen opciones políticas. Usted debe reeducarse y reacomodarse a los límites que establece la sociedad civil.

Yo no estuve junto a Mandela cuando fue a prisión y para mi profunda desazón, ya era demasiado viejo para unirme a él cuando le liberaron. ¡De haber podido, lo hubiera hecho de inmediato! Por aquel entonces Mandela era un anciano pero quien le habla ya era vetusto. Lo mejor que pude hacer cuando observé lo que estaba a punto de lograr fue estudiarle detenidamente. ¿Quién hubiera predicho que Sudáfrica echaría por la borda décadas de gobierno opresivo sin caer en un baño de sangre masivo? Sin embargo, así sucedió. Hay mucho para aprender de esta experiencia.

Mandela se sentó junto a De Klerk, el líder del régimen opresivo durante sus últimas etapas. También junto al Jefe Buthelezi cuyos zulú-inkata, incitados por el ala derecha, continuaron ejerciendo la violencia contra el Congreso Nacional Africano. Mandela estaba decidido a que ni los extremistas blancos que demandaban una patria blanca, ni los extremistas negros que se oponían a las negociaciones y a las elecciones, pudieran fragmentar al país. Siempre extendía ramas de olivo cuando las facciones de cualquiera de las partes maniobraban para bloquear una solución negociada. No personalizaba las diferencias. No se trataba de él o sus rivales. Se trataba del país.

Mandela resistió todos los embates que intentaban llevarlo hacia el divisionismo. Sostenía con firmeza sus principios pero no así su ego. Se esforzó tanto en las negociaciones finales como lo hizo durante la batalla. Entendía que negociar era parte del combate, una forma de lucha distinta, con reglas y métodos de enfrentamiento particulares. Aceptaba las diferencias en vez de negarlas. Era la etapa final necesaria para que todos los partidos entrasen en un acuerdo negociado, sin excluidos que luego atentasen desde las sombras. El fin era crear un futuro realmente diferente para su país y su pueblo.

Tal vez lo más sorprendente de todo sucedió cuando el sufragio universal resultó finalmente implantado y el partido de Mandela ganó las elecciones sin alcanzar la mayoría absoluta. Mandela se sintió satisfecho con el resultado mientras que otros partidarios del CNA lo consideraron un fracaso. Según el pensamiento de Mandela, la falta de mayoría absoluta garantizaría que el CNA trabajase junto a otros partidos para desarrollar una Constitución con la cual todos pudieran convivir en vez de forzar un modelo unilateral. La nación obtendría más provecho a través de un consenso trabajosamente elaborado. Esto es lo que distingue a un líder ejemplar: lograr transformar el ideario revolucionario en pensamiento político.

No conozco a ningún líder que haya jugado mejor la última partida de una revolución. Si en mi vida hubiera podido viajar a algún otro país, nada me hubiera agradado más que estar en Sudáfrica durante las jornadas de las primeras votaciones universales. Con gusto hubiera pasado mis últimos días de vida formado en las filas racialmente integradas que serpenteaban hacia las urnas. Un sueño en el que, al menos por un corto tiempo, la justicia reinaba en el mundo.

Los objetivos finales deben ser claros

Debe existir claridad absoluta acerca de la prioridad de cada uno de los objetivos revolucionarios. De este modo, llegado el caso, algunos podrán relegarse en aras de que otros se concreten.

Es tanto infantil como letal insistir en la concreción del ciento por ciento de los objetivos a la conclusión formal de una revolución. Usted se sentirá muy feliz si todos ellos llegan a consumarse. Sin embargo, si insiste en hacerlo infructuosamente, su pueblo sufrirá mucha desdicha. El país se hallará debilitado y exhausto a causa de la contienda y su obstinación probablemente le sumergirá en más años de conflicto. Usted debe estar preparado para abandonar determinados objetivos de la revolución preservando los más importantes. Por esta razón, resulta crucial la claridad en cuanto a la importancia relativa de cada objetivo.

Ya le comenté a acerca del gran Manzini, contemporáneo de mi abuelo, cuya meta más preciada era la unificación de Italia y su liberación del dominio extranjero. Para lograrlo, tuvo que posponer su segundo objetivo, casi tan entrañable como el primero: el reemplazo de la monarquía por una república. De buena gana supeditó el segundo al primero sabiendo que algún día éste también se alcanzaría.

Imagino que los fundadores de mi tierra adoptiva llegaron a las mismas encrucijadas. Aunque muchos de los padres de la patria tenían esclavos, no todos ellos eran enteramente insensibles a este crimen. Sin embargo, la primera meta era establecer una república unificada, libre del yugo monárquico. No podían lograr este objetivo primario si al mismo tiempo intentaban crear una segunda revolución en pos de la justicia racial. La terrible elección dio lugar a otra guerra desgarradora tres cuartos de siglo después. Estas decisiones tienen su precio pero eventualmente permiten que todos los objetivos lleguen a buen término.

Fidel tuvo que decidir si recobrar Guantánamo como parte de su revolución. Mandela tuvo que posponer la justicia económica para primero lograr la justicia política y alcanzar el poder.

En estos días, que con seguridad son los últimos de mi vida, esperaba ver la rectificación de una más de las grandes injusticias. Me refiero a los palestinos, un pueblo que ha residido durante décadas en campamentos y ciudades de tránsito, separados de sus familias y medios de subsistencia. Durante las últimas semanas, mientras redactaba estas notas, creía que seguramente el Presidente Arafat estaba a punto de sacar a su pueblo de esta miseria. Lamentablemente no pudo obtener consenso en cuanto a la jerarquía de los objetivos de su lucha. Incapaz de renunciar a algunos de ellos, no logró ninguno. Quizá la historia le otorgue otra oportunidad. Tal vez no.

Las decisiones que los líderes revolucionarios están llamados a tomar en esta frágil etapa de la revolución son no sólo cruciales para el triunfo o el fracaso de la misma sino también frecuentemente dolorosas. Nunca es fácil renunciar a objetivos anhelados. No obstante, he aprendido que tanto la vida como la revolución a menudo nos exigen abandonar algo importante en aras de obtener algo aun más importante. Cuando escalamos montañas debemos tener en claro qué cima nos permitirá seguir divisando a las otras para tal vez, algún día, también alcanzarlas.

El más radicalizado debe ser quien negocia

Los líderes más radicalizados, respetados y dogmáticos deben ser quienes inicien las negociaciones para alcanzar los objetivos principales de la revolución. Sólo ellos serán capaces de arrastrar al resto de los partidarios.

El pueblo ha sufrido y se ha sacrificado demasiado. No aceptará fácilmente una solución de compromiso que aparenta negociar la sangre derramada de sus camaradas caídos y familiares muertos. Quiere que sus sufrimientos y pérdidas tengan algún significado y esto es lo que deben tener. El significado debe ser concreto. Si el sacrificio es por un imposible, las almas de los caídos no hallarán descanso pues sabrán que su muerte ha sido en vano.

Los líderes no deben sostener inútilmente las frases incendiarias que fueron apropiadas para agitar al pueblo y emprender la revolución. Por lo contrario, deben estar dispuestos a contradecir sus propias palabras si así lo exige el compromiso de lograr los objetivos revolucionarios alcanzables. Las personas que les rodean deben llegar a entender que las frases y acciones que resultaron adecuadas en una etapa de la revolución no son las mismas que sirven para otra. No están siendo traicionados. En ambas casos, están siendo liderados.

El ardiente comunista Joe Slovo estuvo presente en cada triunfo o fracaso obtenido en Sudáfrica. Fue él quien propuso a Mandela suspender unilateralmente la lucha armada a fin de crear el clima propicio para el progreso de las negociaciones. Mandela, quien rehusaba tenazmente desarmar a su gente hasta que los negros fueran parte del gobierno que recibiera las armas, comprendió la madurez de esta proposición. También reconoció que la reputación de Slovo le convertía en el mejor portavoz de la propuesta. Nadie podría acusar a este líder radical de ser un idiota útil sirviendo al gobierno de supremacía blanca.

Si bien los más radicalizados son quienes deban negociar con el enemigo en procura del acuerdo final, no por ello deben ceder a las presiones de los más violentos entre los suyos. Los líderes deben comprender que se están embarcando en una transición difícil entre la lucha armada y la lucha política. Los violentos en extremo carecen del deseo o la capacidad para efectuar esta transición. Cualquiera haya sido su contribución durante el combate, los más violentos no son los adecuados para llevar adelante el acuerdo político. En esta coyuntura, el líder revolucionario debe sostenerse tan firme contra el ala violenta de su propio movimiento como lo hizo contra la violencia del opresor.

Es muy probable que los más violentos intenten socavar las negociaciones finales mediante actos de terror provocativos. Ninguno de los grupos negociadores principales debe considerar estos actos como una continuación de la lucha armada. Estos actos son los últimos estertores del fanatismo. Estos son los momentos que convocan a los mejores líderes de cada grupo antagónico. En cada lado deben levantarse los líderes más radicalizados, responsables y confiables, para oponerse a las tácticas viciosas, astutas y a menudo encubiertas del fanatismo. Individual y conjuntamente deben rechazar estas acciones considerándolas resabios mórbidos del viejo orden mientras se construye resueltamente un nuevo orden.

Esta es la última prueba de liderazgo que debe atravesar antes de que pueda ingresar a ese nuevo mundo por el cual ha luchado durante tanto tiempo y tan arduamente. Acepte el reto.

La rendición total debe manejarse

Mientras que la mayor parte de las revoluciones concluyen exitosamente en algún modo de acuerdo negociado, unas pocas se resuelven con la rendición incondicional del régimen opresor, generalmente tras la huída de sus brutales dirigentes. Esta situación exige con premura el manejo sabio y firme de los acontecimientos que se desarrollarán explosivamente ante usted.

En un acuerdo negociado queda aún cierto equilibrio de poder aunque muy inclinado a favor del aparente vencedor. Casi siempre, tanto entre vencedores como entre vencidos, existe más de una facción y cada una de ellas tiene una cuota de poder. El hecho de que en el proceso participen negociadores fuertes restringe y guía los actos de todos y cada uno de ellos.

Estas restricciones desaparecen repentina y completamente cuando la revolución logra la rendición incondicional y el poder absoluto. Resulta como si usted estuviera empujando con todas sus fuerzas contra las puertas de la ciudad y éstas se abrieran súbitamente de par en par. Al ceder la resistencia, la gran fuerza con la que estuvo empujando lo catapulta descontroladamente dentro de la ciudad.

Sucede igual con la victoria fulminante y absoluta. Hay tanta energía acumulada, tanta emoción y adrenalina vigorizándole para luchar que, ante la victoria súbita y total, se desatan fuerzas enormes y terribles que están frenéticas por atacar objetivos urbanos y rurales. Es un momento en el cual la furia se descarga contra opositores reales y supuestos. Un tiempo en el cual el odio y el dolor hierven buscando cualquier descarga disponible. Un período en el cual los más salvajes urgen a destruir a los vencidos y a plantar la semilla del vencedor en sus esposas e hijas, quebrando las reglas de la sociedad civil. En este vacío repentino, los baños de sangre y crímenes cometidos pueden dejar una huella indeleble en la memoria de la nación frustrando para siempre el objetivo de la reconciliación y la unificación.

La dirigencia debe actuar mucho más rápido de lo que imagina para canalizar estas fuerzas. Resulta anacrónico hacer esto empleado la fuerza contra el propio pueblo. En todo caso, eso es lo último que se desea hacer en este momento de admirable victoria. Tampoco las tropas acatarían órdenes semejantes. Las ingentes multitudes que inundan las calles son como mares. Es imposible eliminar las mareas. Sólo es posible encauzarlas. En esta coyuntura crítica, el camino correcto es encontrar medios para expresar simbólicamente el nuevo poder adquirido y canalizar la adrenalina surgente. De este modo, el poder de la victoria no tendrá que manifestarse en forma de descargas violentas y atormentantes reinos del terror.

La dirigencia debe reunir al pueblo en grandes mítines durante los cuales se destruyan los símbolos del régimen opresivo y se desplieguen los emblemas del nuevo orden. Se debe incitar a la compacta multitud a expresarse con cánticos, canciones y danzas vigorizantes y eufóricas. Podrán promoverse marchas a través de sitios y edificios de gran importancia simbólica. Puede inducirse al pueblo a atacar los monumentos de la opresión con picos y martillos y a reparar y pintar los templos de la libertad. Durante días, será menester mantener a la muchedumbre activa y focalizada, dejando que su incontrolable energía se exprese por sí misma en grandes explosiones físicas de actividad no-violenta y positiva. En todo momento, entre los cánticos, las canciones y las ovaciones, debe reiterarse que la revolución fue siempre contra el sistema opresor y no contra los individuos atrapados en ese régimen, convertidos en colaboradores y agentes del mismo. Ya habrá tiempo para determinar quienes fueron víctimas y quienes victimarios. Esto deberá hacerse de modo mesurado, una vez finalizados los festejos y a través de tribunales y comisiones. Ahora es el instante de la celebración y no el del resarcimiento. Ahora es el momento de disfrutar de la victoria del pueblo y no el de buscar el desagravio por los infortunios personales. Para todo existe un tiempo.

Si a pesar de estos enérgicos esfuerzos, la violencia espontánea irrumpiera contra aquéllos que simpatizaron o colaboraron con el régimen opresor, la dirigencia deberá de manera pública y sin ambigüedades condenar y lamentar dicha violencia. De ningún modo aprobarla. Los líderes deben comenzar el proceso de cicatrización de las heridas. Los métodos violentos no se olvidan de la noche a la mañana. Quienes condujeron el aprendizaje de la violencia durante la batalla deben conducir su destierro en la victoria.

Aunque no soy un lector consuetudinario de la Biblia ni de otros libros religiosos, en este caso el Antiguo Testamento y las tradiciones religiosas que lo acompañan brindan una excelente parábola para enseñar esta lección. Permítame relatarla en mis propias palabras.

Compasión por los caídos

Habían transcurrido muchas generaciones desde que el pueblo hebreo arribara a la tierra de Egipto. Una vez allí, se multiplicaron hasta amenazar con exceder en número a los mismos egipcios así como hoy los árabes amenazan con superar numéricamente a los judíos en Israel. El Faraón decidió entonces tomar medidas drásticas para limitar su fuerza y a la vez satisfacer sus necesidades económicas.

Gradualmente redujo a los hebreos al estado de esclavitud haciéndoles trabajar en monumentos inacabables en honor a si mismo y a sus dioses. Como continuaron multiplicándose, concibió un plan atroz: la matanza de todos los varones recién nacidos. El pueblo hebreo lloró en su agonía.

Uno de estos bebés condenados fue rescatado colocándole en una canasta que flotó en el río. Sirvientes cercanos a la hija del Faraón hallaron al infante y le llevaron ante la princesa. Una sensación extraña le sobrevino. Aunque ella sabía la razón por la cual el bebé debió ser abandonado, se sintió inclinada a llevar al niño a su corte y criarle como a su propio hijo.

La hermana mayor del bebé había observado la escena y astutamente ofreció los servicios de su madre como nodriza. De este modo, el niño no se crió desconociendo su identidad verdadera.

Un momento crucial se presentó cuando aquel niño, llamado Moisés, alcanzó la mayoría de edad y presenció como un capataz egipcio maltrataba a un esclavo hebreo. En un acto instintivo de compasión, intervino para impedir el abuso pero en su justificada ira, golpeó muy fuerte al egipcio y lo mató. Moisés huyó al desierto pues ante la ley, asesinar a un egipcio en defensa de un hebreo era imperdonable.

En el desierto y como le ha ocurrido a tantos revolucionarios durante el destierro, un nuevo modo de pensar creció en el interior de Moisés. Nos enseñan que este proceso fue obra de Dios y aquí no discutiremos esa interpretación.

Tiempo después, Moisés regresó a la ciudad real y se presentó ante el Faraón exigiéndole la liberación del pueblo hebreo. Como suelen hacer los tiranos, el Faraón se mofó ante esta demanda de alguien que no contaban con legiones ni arsenales.

Nos dicen que en ese momento el Dios de los Hebreos intervino descargando una serie de plagas asoladoras que destruyeron la economía egipcia y aterrorizaron a sus ciudadanos. Como el Faraón permaneció inclemente, este Dios todopoderoso asestó un golpe final para desmoralizar al pueblo y a su monarca. Los primogénitos de todos los egipcios murieron misteriosamente durante una noche en siniestra simetría con la matanza de los niños hebreos. A esta altura del relato bíblico cabe preguntarnos qué clase de Dios pudo valerse de criaturas en su lucha por la libertad. ¿ES ÉSTE UN DIOS CON EL QUE UNO DESEA RELACIONARSE?

Llorando la muerte de su propio primogénito, el Faraón cedió a las demandas del líder hebreo y envió un mensaje a Moisés para que llevase a su pueblo fuera de Egipto. Sabiendo que la pena del Faraón ante su pérdida se desvanecería prontamente convirtiéndose en furia, Moisés puso en marcha el éxodo que había planeado cuidadosamente y el pueblo se aprestó a partir al amanecer. Tan grande fue el apuro que no tuvieron tiempo de dejar levar el pan y por esa razón, desde entonces los judíos conmemoran su liberación comiendo pan ácimo.

Los hebreos huyeron como cualquier refugiado ante la amenaza de guerra. Llevaron consigo lo mínimo indispensable y acomodaron a los ancianos, niños y enfermos en los pocos carromatos disponibles. Moisés les urgió a poner la mayor distancia posible entre ellos y los establos de los caballos y carruajes egipcios.

Cuando la consternación del Faraón comenzó a disiparse, su furia se desató como un huracán y ordenó a sus generales que alistasen a los animales y a los hombres para perseguir a los hebreos. La tierra temblaba bajo los herrajes y las nubes de polvo que levantaba el ejército podían verse a un día de cabalgata.

A medida que los hebreos percibían las señales del ejército asesino que se les aproximaba, caían sobre sus rodillas y lamentaban haber seguido a los líderes de la rebelión. Ahora serían cruelmente descuartizados y verían a sus hijas y esposas violadas ante sus moribundos ojos.

Así como una furia incontenible se apoderó del Faraón, también una sensación de desesperación embargó a Moisés. Continuar conduciendo al pueblo ante el desastre inminente le demandó todo el vigor de su carácter y su fe. A través de sus seguidores más cercanos pidió al pueblo que se dirigiese hacia el mar que estaba a pocas horas de distancia. ¿Con qué propósito? ¿Acaso no sabía que quedaría atrapado entre la playa y el agua?

La fe y la determinación a menudo abren puertas en lo que parecen ser murallas. El Dios de los Hebreos hizo que el viento soplase en una dirección y con una fuerza raramente vista en aquel sitio donde el mar se estrechaba hasta convertirse en un canal. Las aguas se abrieron de lado en lado lo suficiente como para que los líderes hebreos guiasen a toda su gente hasta la orilla opuesta del canal. En cuanto llegaron a tierra firme, se dieron vuelta y vieron al vasto ejército egipcio asomar por sobre las colinas de la costa que acababan de abandonar.

Los vientos comenzaban a cambiar y las aguas a reencausarse en el canal que separaba a perseguidos de perseguidores. El general egipcio detectó el cambio del fenómeno climático y detuvo a sus tropas, suspendiendo la persecución hasta que pudieran traerse barcazas que transportasen a los pesados carruajes hacia la otra orilla. La furia y la arrogancia del Faraón no toleraron esta decisión. Ordenó a su general continuar la cacería y como ocurre en todas las autocracias, el general obedeció aun en contra de su propio juicio.

Mientras el Faraón y su guardia personal observaban desde la seguridad de la orilla, el ejército avanzó sobre el todavía expuesto lecho del mar. Los hombres bregaban para mantener sus pesados carros en movimiento sobre el pantanoso suelo de arena y grava mientras el agua se arremolinaba entre los ejes. Cuando llegaron hasta la mitad del canal, cuando no quedaba soldado alguno sobre tierra firme, el viento dejó de soplar y las aguas inundaron el vacío produciendo un estruendo atroz. Los carruajes volcaron, los caballos se enredaron en sus aparejos y fueron arrastrados sobre el lecho del mar. Los hombres, incapaces de desatar las correas de cuero que sostenían sus armaduras, se hundieron para resurgir sólo días después cuando sus cuerpos hinchados aparecieron flotando sobre las aguas.

Los hebreos, mirando desde la otra orilla en su desesperación por alejarse de sus inminentes verdugos, vieron asombrados cómo el mar se cerraba por sobre los egipcios. Una gran explosión de júbilo brotó de sus gargantas. A pesar de su profundo agotamiento, los judíos permanecieron allí danzando, *abrazándose y riéndose ante la destrucción de su enemigo. Su libertad estaba asegurada.*

Mientras gritaban alegremente, la voz de su Dios habló a Moisés

—No les dejes regocijarse con tanto júbilo —dijo Dios a Moisés— ya que los egipcios también fueron mi creación.

Moisés se paró en lo más alto de la costa y alzó sus brazos por sobre la cabeza hasta que algunos de los que festejaban se percataron de él. Se codearon unos a otros y los sonidos de la celebración menguaron. Una quietud cayó sobre el pueblo en marcado contraste con la algarabía de momentos antes.

Moisés transmitió a los hebreos las instrucciones que había recibido de Dios. Finalmente comprendieron cómo era la clase de Dios al que debían venerar.

Desde entonces, los judíos tienen prescripto relatar la historia del Éxodo de Egipto durante su celebración de la Pascua. Para jamás olvidar esta lección, con su dedo índice extraen, una a una, diez gotas de vino de sus copas y las dejan caer sobre sus platos. Así recuerdan las diez plagas y la destrucción del ejército egipcio, reconociéndolas como instrumentos de su liberación pero a la vez expresando su compasión ante la sangre derramada por sus semejantes.

¿Cuándo finaliza la revolución?

¿Cuándo finaliza la revolución? Parece una pregunta tan simple. Sin embargo, como en la mayoría de los casos, no lo es. La revolución no finaliza el día en que el opresor capitula. En algunos aspectos, ese es el día en que recién comienza. No obstante, de ningún modo continúa por años o décadas.

No siempre existe una clara línea divisoria entre el lento desarrollo evolutivo y la brusca transformación revolucionaria. ¿Cuándo comenzó la revolución realmente? Probablemente se reconozca una fecha histórica pero ésta no es más que eso. El proceso de cambio sustancial comenzó mucho antes de la fecha simbólica en la cual estalló la revolución. Durante mucho tiempo, el pensamiento revolucionario estuvo acumulando impulso hasta salirse del carril de desarrollo sobre el cual corría y explotar a través de todo el territorio. Análogamente, la revolución no finaliza nítidamente un cierto día. Por algún tiempo, la fuerza revolucionaria continúa dirigiendo la reestructuración del viejo orden. En algún punto, el proceso deja de reconocerse por su condición revolucionaria y comienza a identificarse mejor por el retorno a un estado estable o de evolución.

¿Por qué es importante distinguir entre estos dos estados?

He visto que este período de transición se torna muy confuso tanto para los líderes revolucionarios como para sus pueblos dando lugar a expectativas ampliamente divergentes. Estas diferencias producen recelos, sufrimientos, recriminaciones y dudas innecesarias. Usted hará bien si evita o minimiza su ocurrencia. Como siempre, no tengo soluciones mágicas. Ante la ausencia de recetas, permítame plantear algunas cuestiones sobre las cuales vale la pena prestar atención.

En primer lugar deseo considerar el verdadero estado revolucionario, aquel que persiste por meses y a veces por algunos años después de la victoria formal pero no para siempre. Todas las revoluciones genuinas dependen del apoyo del pueblo para mantener su fuerza y legitimidad. Las personas, como todo en la naturaleza, buscan un estado de equilibrio dinámico. Se mueven hacia el mismo así como las plantas lo hacen hacia el sol. Necesitan del equilibrio para labrar su tierra, hacer crecer sus semillas, construir sus casas, educar a sus hijos, reflexionar acerca de su futuro y ejecutar sus planes en pos de un destino. Cuando el pueblo vive severamente oprimido durante demasiado tiempo, en su desesperación, está dispuesto a abandonar su sufrido equilibrio ante la promesa de que, tras un intervalo revolucionario, se logrará alcanzar un equilibrio más favorable. Sin embargo, no dude que al final las personas siempre volverán a buscar el equilibrio.

El triunfo revolucionario da lugar a un escenario en el cual pueden concretarse grandes cambios. Un contexto en cual existe la posibilidad de alterar fundamentalmente las leyes, las relaciones de poder, la cultura, las instituciones y la cosmovisión de un pueblo. Si la dirigencia revolucionaria ha hecho bien su trabajo, el pueblo está preparado para estos cambios aún antes de alcanzar la victoria final. No obstante, las consecuencias del cambio real no siempre coinciden con la visión que guió a la revolución.

El desafío en este período, el gran reto, consiste en determinar la cantidad exacta de cambio que el sistema y el pueblo pueden tolerar. Resolver esta cuestión ha resultado clave en todas las grandes revoluciones. Si introduce demasiado cambio, el sistema se rebela o colapsa haciendo que usted desande el camino con gran pérdida de confianza y apoyo. Si los cambios son escasos, desaprovecha la oportunidad por la que bregó tanto. Personalmente creo que usted puede y debe arriesgarse a producir grandes transformaciones siempre que lo haga con el mayor respeto posible hacia aquellos cuyas vidas serán alteradas por dichos cambios.

Quiero enfatizar este punto suficientemente. Si fuerza los cambios con desdén hacia la gente que se verá afectada por ellos y que los resiste, usted dará lugar a reacciones poderosas. No se trata del viejo orden orquestando una contrarrevolución. ¡El que se opone a los cambios es el mismo pueblo al que usted dice servir!

Si su propio pueblo es quien se levanta contra la revolución, como lo hiciera contra V.I., Mao y otros, usted entonces se verá tentado a usar los mismos medios represivos que sus predecesores utilizaron con usted. ¡No subestime lo bien que aprendió las prácticas de aquellos a quienes deploraba! El monstruo yace ahí, tal vez adormecido pero siempre esperando las condiciones adecuadas para despertar. En lugar de esto, usted debe hacer lo que el opresor nunca hizo: tener un interés genuino por aquéllos que soportarán la carga de sus decisiones y acciones.

Esto parece simplista y en realidad lo es. También creo que es fundamental. Desde una posición de interés genuino, las tácticas que adopte crearán un clima que le permitirá concretar más cambios de los que lograría de otro modo, independientemente de si controla o no a todas las guarniciones militares y estaciones de radio del país.

Implícita o explícitamente, todos los gobiernos usan la fuerza para implementar sus políticas. La diferencia entre los regímenes opresivos y legítimos radica en si admiten o no que las personas sean tratadas brutalmente cuando se interponen en su camino. La brutalidad es un instrumento muy común de la política. Después de tantas décadas, mi punto de vista es que una revolución genuina ocurre cuando se adopta una estrategia radicalmente diferente a la cruda intimidación antirrevolucionaria del viejo orden. Hoy creo que una estrategia realmente revolucionaria consiste en consultar a las personas cuyas vidas serán afectadas ofreciéndoles cierto grado de autodeterminación dentro de un rango de opciones que hagan honor a los principios revolucionarios. Si ha prestado atención al pueblo en cuyo nombre está luchando, las opciones propuestas tendrán en cuenta tanto las necesidades de las mayorías como las de las minorías que ahora también son parte de su responsabilidad. Haga lo que deba hacer pero al hacerlo, no dé lugar a la injusticia generalizada ni imponga el terror de las masas.

Sé que esto va en contra de la defensa que de los fusilamientos hiciera el Che en su intervención ante las Naciones Unidas: "Fusilamos y seguiremos fusilando mientras sea necesario. Nuestra lucha es una lucha a muerte." Sé que estoy refutando particularmente el crudo principio de V.I.: "La ley no debe abolir el terror… éste debe ser justificado y legalizado claramente, sin evasivas ni embellecimiento." Le digo lo que yo he llegado a creer. Usted debe hacer sus propias elecciones en cuanto a cómo utilizará el poder.

De todos modos, usted continúa con el interrogante acerca de cuándo y cómo finaliza la revolución.

Aprendí una lección que considero absolutamente fundamental. Por favor preste atención y repare en esto con cuidado. Lo esencial es determinar correctamente el momento de decir: "¡Hasta aquí llegamos, ya es suficiente!".

Como usted sabe, todas las grandes revoluciones desean transformar el mundo. Esto es lo que impele a sus líderes mientras son fieles al espíritu de la revolución. También es lo que atrae a cientos, luego a miles y finalmente a millones de adherentes al llamado revolucionario. Lo que este deseo suele no tomar en cuenta es la siguiente verdad fundamental.

La transformación del mundo es un proceso perpetuo, nunca se consumará completamente. Por lo tanto, toda revolución debe llegar a comprender qué transformaciones puede llegar a concretar y cuáles debe dejar para otra ocasión y para otros líderes.

La energía revolucionaria crece y decae naturalmente. Se sucede en ciclos de expansión y contracción. Los pueblos y los sistemas afectados crecen e incorporan una cantidad significativa de cambio dentro de sí mismos. Luego se retraen e invierten tiempo para digerir y asimilar estos cambios resistiéndose a cualquier otro mientras lo hacen. Si la dirigencia revolucionaria no percibe y comprende este flujo y reflujo natural, intentará continuar forzando cambios y se enfrentará con una resistencia profunda y visceral. Si el liderazgo no reconoce cuánto es suficiente, intentará superar esta resistencia mediante la fuerza bruta y al hacerlo, comenzará a deshacer los cambios revolucionarios que hasta ahora ha logrado.

La revolución debe saber cuándo ha hecho lo que puede hacerse en el escenario revolucionario que encontró o creó. Cuando el telón comienza a cerrarse, no debe forzar la continuidad de la escena pues entonces derrumbará su obra dejando solo escombros y sueños dilapidados en las calles. Debe reconocer y regocijarse por lo que fue capaz de lograr y no apenarse por lo que no pudo conseguir. Todos los seres humanos y todas las revoluciones llegan a un punto en el que deben hacer un balance de sus vidas y gozar de lo que han logrado aun cuando a menudo estén lejos de cristalizar la plenitud de sus sueños. De ningún modo han fracasado. Han sido honestos consigo mismos y han llevado la antorcha hasta la nueva generación.

Permítame ser claro. No estoy sugiriendo que al decir "ya es suficiente" cesen de intentar hacer algo más con la energía que aún poseen. Yo adhiero con aquel activista sudafricano quien, cuando se le preguntó si la revolución había terminado, respondió: "Si usted se refiere a la lucha contra la indiferencia hacia la pobreza y la injusticia, entonces la revolución continuará por siempre."

Estoy diciendo que los líderes deben saber cuándo llega el momento de cambiar de marcha y pasar al nivel de expectativas y actividad correspondiente a la etapa que ahora han alcanzado. Éste es el momento de declarar que la revolución ha concluido. Con el mismo aliento, el líder debe admitir lo que la revolución no ha logrado y lo que resta por alcanzar. Pedirá al pueblo que continúe trabajando en pos del ideal revolucionario pero dejando a un lado el uniforme de combate, sin apelar a tribunales revolucionarios ni transitar la vía de la justicia sumaria.

Las buenas revoluciones son imperfectas. Las revoluciones que exigen perfección son pretenciosas. Estas últimas implantan la caza de brujas, las campañas de depuración y las culturas de paranoia y traición. No fueron perversas en su origen pero tornaron así porque no entendieron el principio de lo suficiente. Lo suficiente para este momento y lugar. El resto lo construirán otros espíritus igualmente dispuestos en otro momento y lugar. Ellos también necesitarán conocer cuándo es suficiente y así sucesivamente, de generación en generación, hasta tanto los hombres continúen esforzándose para dejar su huella en la senda del desarrollo humano.

Deslealtades

Permítame decirle algo curioso. No tema a las deslealtades. Aprenda de ellas.

En primer lugar, distingamos entre dos tipos de deslealtades. Por un lado, están las deserciones en el terreno militar mientras se está combatiendo contra el opresor. Por otra parte, existen las defecciones en el plano civil que ocurren una vez que se ha alcanzado el poder.

Mientras se está comprometido en la lucha armada, las deserciones son de temer pues obviamente pueden dar lugar a fugas de seguridad. Estas resultan fatales en un estado de guerra. Por lo tanto, se debe prestar atención a los signos de descontento y eliminar enérgicamente o reducir sus causas en cuanto sea posible. Algunas razones son inevitables. Tal vez los reclutas no llegaron a imaginar lo difíciles que serían las condiciones de combate. Otras son remediables: comandantes brutales, segregación interna, mala comida, inactividad aletargante y agentes provocadores. Si no logra remediar estos problemas, deberá prepararse para enfrentar posibles deserciones. Dejo en sus manos determinar por qué alguien en particular se constituiría en una amenaza a la seguridad si abandonase la causa revolucionaria y cuáles son las medidas apropiadas para disminuir las consecuencias de su deserción. Pero por favor, no se torne paranoico en cuanto a sus presunciones, no exagere los riesgos. No desmoralice aun más a sus cuadros con medidas draconianas.

Atenuados los riesgos de seguridad, enfrentar las deserciones deviene en algo más tenebroso. En el castigo a los desertores existe un cierto grado de injusticia pues, quienes se acercaron a servir a la causa pero fracasaron, son tratados con mayor dureza que aquéllos que jamás lo intentaron. La guerra es un asunto tan macabro que solo permite retener a los combatientes menos proclives al combate haciendo que el castigo por abandonar la lucha sea tan malo o peor que el riesgo de permanecer en ella. Para disminuir el número de intentos de deserción también podrá utilizar otras soluciones militares.

Por ejemplo, definiendo claramente el período de servicio permitirá que el combatiente se sienta libre para alejarse una vez que ha cumplido con el mismo. Por supuesto, usted desea que todos compartan su compromiso total con la revolución y su éxito final. Sin embargo, no todos lo harán. Si diseña estrategias de licenciamiento para quienes no tienen su fortaleza ilimitada, estos se verán menos inclinados a forjar esos planes furtivos que tanto desmoralizan y amenazan a sus fuerzas.

Una vez alcanzada la victoria, las defecciones se convierten en una cuestión completamente diferente Ya no estamos hablando de abandonar una fuerza guerrillera. Nos estamos refiriendo a alejarse de su partido, de sus políticas o de su país.

Contrariamente al supuesto común, es un error temer a las defecciones o impedirlas coercitivamente. De hecho, éstas proveen una fuente de información crucial en cuanto a cómo van las cosas y qué se necesita hacer de modo diferente para lograr el éxito de la revolución política, económica y social.

Debe comprenderse que las personas pueden demostrar su apoyo o su resistencia a la revolución de dos modos diferentes. El primero es por medio de sus palabras y acciones. El segundo es por su voluntad de permanecer o de alejarse. Cualquiera de estas respuestas le brinda información tremendamente importante en cuanto a si se está dando o no satisfacción a las necesidades del pueblo y por ende, ganando su corazón.

Acepto que usted pueda pensar que las personas todavía no son capaces de discernir qué necesitan o qué es bueno para ellas. Han incorporado las creencias del opresor y aún ven el mundo a través de ojos distorsionados. Cambiar esto demandará reeducación y tiempo. Usted podrá replicarme con la historia de la huída de Egipto recordándome que se necesitaron cuarenta años de ambulación por el desierto para desterrar de la mente de los hebreos su actitud de esclavos y prepararles para ingresar a la tierra prometida.

Estaré de acuerdo con usted y a la vez le rebatiré. Sin lugar a dudas el pueblo necesita reeducación, experiencia renovada y tiempo para digerir y asimilar el cambio. No se convertirán mágicamente en el hombre o mujer nuevos que usted cree que están predestinados a ser. Tampoco usted se transformará repentinamente en el nuevo gobernante ilumina-do que desea ser. Usted también tiene patrones de conducta profunda-mente arraigados. Por más que aspire a una conciencia revolucionaria trascendente —algo que le admiro mucho—, seguirá actuando según los viejos modelos. Esta fue la falla trágica de Lenin al insistir con el con-cepto de Vanguardia Revolucionaria.

Por consiguiente, a menos que el pueblo cuente con un medio para responder a sus iniciativas y eventualmente manifestarse en oposición, existe la gran posibilidad de que la revolución se salga de sus carriles por causa de usted o del mismo pueblo. Observe la cantidad de países post-revolucionarios que se han convertido en agujeros infernales. Superan considerablemente a los países que son modelos de progreso radical.

¿Por qué y cuál es el remedio?

Construir una nueva cultura es un diálogo, no un monólogo. El hecho de que usted tenga una visión y tuviera el coraje de luchar por ella, no le otorga derecho a establecer un monólogo. Este es el punto en el que V.I. estuvo ciento por ciento errado. No porque yo lo diga sino porque la historia así lo ha demostrado. El triunfo solo le faculta a crear las condi-ciones para un diálogo saludable al cual el régimen opresivo jamás dio lugar.

Los Soviets o asambleas de obreros, soldados y campesinos, que bro-taron espontáneamente durante la revolución rusa, cumplían exacta-mente esta función. Facilitaban un espacio donde la gente podía expresar sus opiniones personales, debatiendo y creando consenso acerca de las cuestiones públicas y cumpliendo así su papel en la cons-trucción el nuevo orden. Si se hubiera permitido que la revolución devi-niera genuinamente en una Unión de Repúblicas Socialistas Soviéticas, creo que aún hoy la U.R.S.S. estaría floreciendo y sería una alternativa al modelo de consumo desenfrenado que los Estados Unidos de Nortea-mérica han instalado en el mundo. En lugar de ello, Lenin sometió a los Soviets y aunque me apene decirlo, dio lugar a un modelo de opresión revolucionaria.

Cuando se alcance la victoria, el diálogo democrático brotará natu-ralmente en todas partes. Permitir que esto ocurra demanda el mismo coraje que usted desplegó en la lucha armada. Ahora usted se encuentra en el campo de batalla de las ideas. No obstante, éste no debe ser un escenario de guerra sino una arena en la cual las ideas compitan entre si pero sin ser aniquiladas.

El éxito no depende solamente de crear un espacio en el cual se ventilen las opiniones divergentes sino también uno en el cual las ideas se presenten con vigor, se debatan apasionadamente y se delineen claramente de modo tal que todo el pueblo preste atención a lo que está sucediendo en esa arena. De este modo, usted estará creando las condiciones para comprometer el interés y la atención de las personas, sus mentes y sus corazones, acelerando en años el proceso de cambio interno y dando lugar a una nueva conciencia.

No es posible decretar como será esta conciencia. Sólo se la puede alimentar. Al igual que un niño, la conciencia crecerá hasta convertirse en un ser adulto individual. Usted debe permitir que la conciencia se desarrolle con cierto grado de libertad pues si no, la aniquilará o la debilitará al punto que jamás será más que una sombra atrofiada de todo su potencial.

Hacer esto requiere escuchar lo que otros dicen. Usted debe permitir y animar a las diferentes voces de la experiencia humana a expresarse a favor o en contra de lo que está pretendiendo hacer o de lo que está haciendo en la realidad. Se trata de un gran ejercicio de aprendizaje acerca de lo que se necesita hacer para forjar un consenso que le acerque aún más al nuevo mundo que intenta crear.

Si usted escucha, aprenderá. Si aprende, ajustará, mejorará y perfeccionará sus mensajes, políticas y estrategias. Efectuará estas correcciones hasta encontrar el mejor balance posible entre lo que usted ambiciona para su pueblo y la cantidad de cambio fundamental que éste puede absorber y asimilar realmente en este punto de su evolución. En efecto, usted habrá hallado el máximo punto de cambio radical actualmente alcanzable sin provocar las condiciones para una contrarrevolución devastadora. Esta es la verdadera gesta de la revolución. Aspirar a más conduciría a un fracaso revolucionario.

Si hace bien su labor, las mejores voluntades de su país permanecerán en la arena y competirán para que su visión personal influencie el resultado final de la lucha. El proceso se mantendrá vibrante y vital. Sin embargo, es injusto pretender que usted haga esto a la perfección. Ese es el punto. Ninguno de nosotros es perfecto. Por lo tanto, intencionalmente o sin intención, usted empujará a algunos hacia afuera de la arena. Muchos huirán temerosos. Desconfiarán de su invitación a hablar abiertamente por temor a que, como hiciera el Presidente Mao cuando convocó a que "se abran cien flores", usted utilice sus palabras para detectar a los librepensadores y luego eliminarles.

Es aquí donde las defecciones se convierten en un vehículo por derecho propio.

Ciertas supuestas deslealtades no deben inquietarle, en realidad no son tales. En realidad se trata de los leales al antiguo régimen. Es mejor que emigren a donde puedan continuar con su arcaico y privilegiado estilo de vida. Es mejor que se vayan del modo que elijan hacerlo. También puede ser que tengan otras razones por las cuales no corresponde inculpar a la revolución.

Un alto número de defecciones debe ser muy preocupante. Son un síntoma de que las personas tienen miedo y no se sienten capaces de expresar sus inquietudes y necesidades para que éstas sean tenidas en cuenta.

Ante esto, ¿cuál debe ser su respuesta revolucionaria? La réplica estúpida sería construir un muro en torno a los disconformes, negarles su visa y dispararles en la espalda si intentan huir. ¿En qué se convertiría usted? En el opresor.

La respuesta revolucionaria apropiada demanda un coraje aún mayor que el del campo de batalla. Es el valor de sostener un espejo y mirarse a sí mismo. ¿Qué está usted haciendo que le obliga a tener que retener por la fuerza a las personas en su propio país? La gente aborrece abandonar su patria. Para que deseen hacerlo, vivir en ella les debe estar resultando intolerable.

Un nivel alto de defecciones es motivo para el más profundo autoexamen. Se enfrentará a una terrible presión interna clamando terminar con los traidores y caer sobre ellos con medidas represivas aún más duras. ¡Le prevengo! ¡Ese será el final de su revolución! Un final sin éxito. Este es el momento en el que debe comportarse como el más grande entre todos y plantear una pregunta simple que admita respuestas poco ortodoxas: "¿Qué hemos hecho mal?"

La auto-superación implica grandeza.

Pero ahora no cometa las mismas equivocaciones bajo un disfraz. Si por abuso de poder creó las condiciones que provocaron tantas defecciones, no intente ahora corregirlas por imperio de la fuerza. En el autoritarismo reside la esencia de su error.

Más bien involucre al pueblo en un diálogo para corregir las fallas. Proponga cambios y solicite su corroboración. Pida a las personas su opinión y puntos de vista. Demuéstreles que expresarse libremente es realmente una alternativa posible a la defección.

Luego atrévase al paso más difícil. Establezca condiciones que le impidan dar marcha atrás arbitrariamente. Bastará con un solo paso atrás para que todos callen preventivamente. De ahí en más, solo pensarán en la defección o en derrocarle. Más bien diseñe esquemas que limiten el poder revolucionario e introduzca estos mecanismos para el cambio en las instituciones civiles o clericales que constituya. Reemplace para siempre tanto al régimen opresivo como a la revolución con una síntesis que abarque a las voces de todos los gobernados.

Si hace bien su labor, las defecciones dejarán de ser un problema. Usted habrá creado las condiciones para que las personas deseen habitar su país en vez de abandonarlo. Si lo hizo bien, el pueblo se afanará en continuar la tarea que usted comenzó y honrará la gran obra que ha concretado para el bien de todos.

Construyendo un mundo nuevo:
Cambiar el orden, mantener el espíritu

Nota de Chaleff

Élan no concluyó este capítulo. Vea la explicación de esto en los dos epílogos. Solamente dejó algunas notas sin explayarse en ellas como lo hiciera con los asuntos tratados en los capítulos anteriores. En vez de poner palabras en su boca que podrían desvirtuar su intención, opté simplemente por ordenar las notas y presentarlas tal como las hallé. La última sección que aparece en el índice ni siquiera fue delineada. Decidí dejar el título como un llamado a la reflexión.

Tres factores:

1.   Espíritu revolucionario

2.   Instituciones políticas y administrativas

3.   Satisfacción de las necesidades del pueblo

Los tres factores deben yuxtaponerse / balancearse.

Espíritu revolucionario:

El pueblo entusiasmado ante el cambio. Posibilidades. Deseo de participar. No temer. Hallar modos de promover la participación. Consejos de trabajadores. Concejos de estudiantes. Otros. Que se organicen a sí mismos. Mantenerse fuera del camino. No bloquear. No controlar. Canalizar la energía.

Instituciones políticas y administrativas:

No descuidar o postergar. No apoyarse sobre los instrumentos revolucionarios durante demasiado tiempo. Establecer instrumentos civiles. No apelar a excusas. Diferenciar las instituciones políticas de las administrativas. También, si corresponde, de las instituciones religiosas. Diferentes tipos de personas son competentes en diferentes funciones. Los políticos aman el debate y la puja de ideas. Los administrativos prefieren la organización y el orden. Los del clero deben amar la moralidad y los valores.

Política:

Sea valiente. Distribuya el poder. Cualquier otra actitud conduce a una futura opresión. Reexamine cualquier ideología que diga lo contrario. Otorgue a cada grupo una porción de poder real. Tendrán mejor oportunidad de controlarse y balancearse mutuamente. No se empecine en que una persona o grupo detente mucho poder. Otorgue sólo el poder necesario para conseguir que los planes se concreten. Asegúrese de que todos los grupos tengan poder suficiente como para competir entre ellos y equilibrarse. Defina la agenda política basándose en los principios revolucionarios. No le tema al debate y a las revisiones. Esto construye apoyo. Conserve la concentración sobre los propósitos. Manténgase al margen cuando observe que se desvían demasiado de los objetivos. No intervenga personalmente. Sólo exhorte a reenfocar el debate y exija acciones.

Administrativa:

Busque tecnócratas competentes. Quienes construyen trenes suelen cumplir con su labor puntualmente. Rodéese de aquellos que entienden de economía, finanzas, trabajo, producción, distribución, consumo y cooperación interdisciplinaria. Castigue severamente el primer indicio de nepotismo o corrupción. Ubique personas de su confianza en puestos desde los que puedan controlar lo que sucede en la administración. No permita que le traicionen. No se descuide ni consienta que otros lo hagan. Sea justo pero severo.

Clero:

En cuanto se encuentre a su alcance, apoye a los líderes religiosos que promuevan la salvación más que la condenación. A inspiradores de una moral renovada más que a los vigilantes de la ortodoxia. Mantenga claridad en cuanto a la diferencia entre la autoridad espiritual y la terrenal.

Satisfacer las necesidades del pueblo:

Las necesidades angustiantes agobiarán a la revolución. Tome medidas urgentes para atender las necesidades más extremas al mismo tiempo que construye las instituciones políticas y administrativas. No descuide ninguna de estas acciones. En la medida de lo posible, avance inmediatamente en la coparticipación sobre la tierra y la riqueza sin destruir los factores que mantienen la actividad económica. Coparticipación versus confiscación plena. Redistribución parcial. Procure satisfacer los intereses personales de todos. Venda su idea en vez de imponerla.

Esté presente en todos lados verificando que las tareas se hagan.

Proceso:

Pruebe, aprenda, modifique, comunique.

Pruebe, aprenda, modifique, comunique.

Repita.

Arquitectura:

Estructura / Espíritu / Necesidad.

Estructura / Espíritu / Necesidad.

Equilibrio.

El segmento final

Llega un momento en el que todos los viajes son interiores,
cuando todas las despedidas son para siempre.
Llega un momento en el que buenas noches significa adiós,
cuando no es admisible olvidarse de dar las gracias.

Llega un momento en el que la oscuridad no precede al amanecer,
cuando no habrá oportunidad de desearle al mundo un buen día.
Llega un momento en el que ya no puede servirse a la justicia,
cuando es muy tarde para enmendar daños cometidos o sufridos.

Llega un momento en el cual únicamente nos queda el pasado,
el futuro es algo que solamente les espera a otros.
Llega un momento en el que el amanecer sobre el horizonte
será visto por ojos maravillados que no serán los propios.

Llega un momento en el que la pluma se seca,
los labios se cierran y se vacía la recámara.
Escriba despedidas, susurre perdones, declare su amor.
Dispare ahora con acierto la última munición.

Luego recuéstese y cierre los ojos.
Imagine un mundo que nunca vio.
Salte a ese mundo como un paracaidista
y entréguese al viento eterno.

Manteniendo el espíritu vivo en las generaciones futuras

Nota de Chaleff

Esta es la sección que lamentablemente Élan ni siquiera llegó a delinear. Le queda a usted la tarea de aprender y enseñar cómo hacer para mantener vivo el espíritu de la revolución.

EPÍLOGO

Si ha llegado hasta aquí, tal vez usted considere que soy su amigo y partidario. La verdad es que yo no sé si apoyo o no a su revolución. Tendría que evaluar mucha información antes de tomar semejante decisión. Recuerde, he visto demasiado.

Por ejemplo, debería saber cuán opresivo ha sido el régimen al que usted se opone. Analizar la viabilidad de los mecanismos de cambio a su disposición. Comprender la complejidad del conflicto racial y tribal en su región. Conocer las estrategias disponibles y cuáles está eligiendo. Qué sufrimientos está mitigando u ocasionando y su compensación. La multiplicidad de motivos que impulsan a sus líderes. Su visión en pro de un mundo mejor y los valores que guiarán su concreción. Desearía saber cómo usa el poder y cómo evita abusar del mismo.

Por lo tanto, aunque yo sea muy solidario con las causas revolucionarias, no se confunda creyendo que necesariamente también soy uno de sus admiradores. Usted ya lo sabe, hoy sostengo que la violencia armada debe ser considerada como el último recurso. Creo que demasiado a menudo, la violencia es promovida por quienes tienen algo con qué beneficiarse a partir de ella: traficantes de armas, hombres de negocio, mafias enfrentadas y enemigos de mi enemigo. Muy frecuentemente la violencia se convierte en una adicción, un alimento del que no resulta posible abstenerse a pesar de los terribles daños que inflige sobre gente inocente.

No obstante, sepa que si se está luchando contra la opresión, para reducir el sufrimiento humano y crear oportunidades para una vida mejor y más libre, entonces, definitivamente soy partidario de sus intenciones y admiro su compromiso. Confiaré en que usted se planteará las mismas preguntas que yo le haría antes de apoyar o continuar aprobando los métodos que está empleando.

Un revolucionario es alguien que desea experimentar y producir un gran cambio. Algunas veces el cambio apropiado radica en su relación con la revolución, en lo que demanda de ella y en lo que le tolera. Como habrá descubierto si ha leído hasta aquí, yo creo que para lograr que una revolución sea merecedora de luchar y morir por ella, siempre se debe estar dispuesto a cuestionarla. No se debe ser más indulgente en la evaluación de sus fallas de lo que se es con las faltas del régimen al que se combate. Su devoción por la revolución no debe ser excusa para negarse a examinar sus prácticas.

Le relataré una experiencia que viví en mi vejez.

Ya le comenté como vine a vivir en Norteamérica. Aquí una vez fui uno de los guías voluntarios que muestran al público el Capitolio de mi país adoptivo. Esta actividad fue una ironía de la vida que hasta me hizo reír. ¡Si los visitantes supiesen quién había sido y lo que había hecho en mi vida! De todos modos, disfruté la oportunidad de conocer personas diferentes y descubrir lo que pensaban.

En cierta ocasión me solicitaron acompañar a un grupo de legisladores provenientes de Tailandia en una recorrida por la Academia Naval de los Estados Unidos, en Anápolis, Maryland. ¡Imagínese aquello! En el vehículo que nos condujo hasta Anápolis, me senté entre el intérprete y un joven llamado Burirak. Cuando le conocí, Burirak tenía veintinueve años. Había un destello en sus ojos que atrajo mi atención.

Burirak era el representante más joven. Supe que había pasado cinco años en las montañas como guerrillero. Después de eso y por razones que Burirak no tuvo tiempo o capacidad lingüística para explicar cabalmente, decidió que la acción armada no era el camino para cambiar las cosas. Con la avenencia de su comandante, bajó de las montañas y reingresó a la sociedad civil. Él aún sentía un vínculo de sangre con sus excamaradas y no les traicionó. Sencillamente siguió un sendero alternativo para lograr reformas.

Decidió postularse para una banca en el parlamento y se abocó a esa tarea con la misma energía y determinación que aplicó antes en las montañas para alcanzar los objetivos revolucionarios. Recorrió incansablemente el distrito que pretendía representar y conversó con todos los que pudo acerca de sus temores y aspiraciones. Para sorpresa de casi todos en la estructura de poder, ganó la banca cómodamente.

Su grupo estaba ahora visitando los parlamentos de otras naciones para obtener ideas acerca de cómo mejorar al propio. No era un secreto que el control del gobierno en su país estaba mayormente en las manos de los militares y que actualmente el parlamento no era más que una máscara democrática que encubría la desnudez del poder castrense. Sólo el monarca, en ejercicio de una extraordinaria ascendencia espiritual sobre el pueblo, limitaba de algún modo el abuso de la fuerza por parte de los militares.

En Anápolis se sumó a nosotros un oficial de la marina pues a la jerarquía de este grupo de visitantes le correspondía una escolta gubernamental. Iniciamos la recorrida. Después de mucho mirar los símbolos superficiales y ostentosos que representaban el rol y los logros de la Academia, ingresamos al dormitorio pequeño y funcional de un nuevo cadete o aspirante a oficial. Los miembros del grupo hicieron preguntas intrascendentes, más por gentileza que por interés genuino.

Al final, Burirak hizo una pregunta aparentemente sencilla e inocente.

— ¿Cómo se selecciona a los cadetes de la Academia?

El oficial naval procedió a explicar que cada año, el Presidente de los Estados Unidos puede nominar hasta 100 aspirantes. El resto de los mil jóvenes que constituyen la clase entrante son propuestos por miembros del Congreso.

— ¿Los miembros del Parlamento seleccionan a la mayoría de los futuros aspirantes a oficiales? —preguntó Burirak con ojos asombrados.

—Sí —le confirmó el oficial—. Lo mismo sucede en West Point donde se entrenan oficiales del ejército y también en la Academia de la Fuerza Aérea.

Burirak se dirigió hacia mí mostrando una amplia sonrisa.

—Idea importante número uno —dijo luego mientras extendía hacia arriba el dedo índice de su mano derecha—. Los oficiales militares del mañana son seleccionados hoy por miembros del parlamento que a su vez fueron elegidos ayer por el pueblo.

Le devolví la sonrisa con mis viejos ojos casi tan parpadeantes como sus ojos jóvenes. Había dado justamente con la raíz de la cuestión. Una tradición simple, ignorada por la mayoría de los norteamericanos, daba lugar a una fuerza militar leal que respondía a un parlamento electo por el pueblo y no al llamado de un poder ejecutivo opresivo. Por supuesto que, como sabemos todos quienes presenciamos el abuso del poder militar norteamericano en América Central, el Caribe y Asia, esto también era imperfecto. Sin embrago, Burirak tenía razón. Esta tradición ofrecía un punto de referencia a partir del cual se podrían cambiar ciertas relaciones de poder.

Hicimos más preguntas y descubrimos que aquella práctica tan visionaria fue instituida, como muchas otras, por aquel revolucionario preclaro llamado Thomas Jefferson. Otro hombre imperfecto y poseedor de esclavos quien, a pesar de todo, se levantó en busca de mayor igualdad y libertad sirviendo como inspiración a San Martín y Bolívar.

Aquel día Burirak me ayudó a comprender mejor los muchos caminos conducentes al cambio social y político. Aún hoy puedo ver las chispas en sus ojos, las mismas que sirven para encender la llama de cualquier revolución.

No le relato esta historia para disuadirle de su senda actual sino para recordarle que existen opciones. En un momento dado se debe elegir la revolución porque es el mejor camino. Si en algún punto del recorrido se pierde el objetivo, debe tenerse el valor de optar por otro camino. La revolución no es un fin en si mismo. Es un medio. Para que la revolución valga la pena, ésta debe servir al propósito digno que la impulsa de mejor modo que otros caminos alternativos.

Cualquiera sea el curso que elija, le deseo éxito en el logro de metas que promuevan el mejoramiento de las condiciones de vida del pueblo por quien usted se preocupa y lucha. Sus sacrificios son enormes. Anhelo que sus recompensas resulten a la par.

Epílogo de Ira Chaleff

Élan escribió el poema final y el epílogo antes de que hubiéramos concretado la mitad del libro. Siempre temía morir sin haber completado el trabajo. Por esta razón se tomó el esfuerzo de realizar sus últimas notas tempranamente.

Lamento informarle que sus temores estaban justificados. Como resultado, no llegamos a escribir la sección final —'Mantener el espíritu vivo en las generaciones futuras'— que habíamos previsto cuando bosquejamos la última parte de la obra. No obstante, decidí mantenerla en el índice. Tal vez usted desee pensar en ella por su propia cuenta.

Dado que creo en la importancia de esta obra, estoy muy contento porque fuimos capaces de casi finalizarla. Si bien Élan estuvo siempre preocupado en cuanto a no poder terminar el libro, cuando dictaba la sección final sobrevino un cambio cualitativo en su modo de canalizar estos temores. He dicho dictar. En realidad quiero decir comentar. Me dejaría a mí la labor de ordenar y retocar las palabras aunque yo siempre me mantuve tan fiel como pude a su estilo de expresión.

Comenzó a hablar de la muerte de Lenin y de lo horrible que debió ser sufrir siete infartos en pocos meses perdiendo el control de virtualmente todas sus facultades. ¡Y que esto le sucediese a los cincuenta y dos años de edad! Comprobé por vez primera en nuestra relación que, en medio de una gran lucidez, Élan caía en lapsos ocasionales confundiendo oraciones y utilizando palabras de su lengua materna. Estaba experimentando sus primeros ataques.

Cuando hablaba de Lenin, se mostraba más indulgente de lo que había sido antes al criticar sus faltas y errores.

—Pobre Vladimir Ilyich —dijo en cierto momento—. ¡Fue natural que cometiese errores pues fíjese, sólo vivió la mitad de mis años! Yo he tenido dos vidas para aprender y él solamente una. Ahora es fácil ver sus equivocaciones y más aun con medio siglo de historia para poder comprobar sus consecuencias.

—No deseo morir como V.I. —agregó luego—. ¡No quiero a nadie teniendo que ocuparse de mí durante meses y no ser capaz de siquiera expresar lo que necesito! No deseo ese final. Quiero que sea rápido. Me gustaría que el libro estuviese terminado, pero incluso si esto no fuera posible, deseo irme aprisa.

Unos días antes de su muerte, me relató una historia extraña. Era algo que había leído en su edad mediana aunque ya no lograba recordar al autor.

Un hombre que estaba en el crepúsculo de su vida se sentó en la galería de su casa, aparentemente un caserón grande con jardines extensos. A la distancia podían verse colinas suavemente onduladas cubiertas con hierba espesa. Disfrutaba de sentarse en la galería inspirando la belleza eterna de su lugar en la tierra.

De tanto en tanto, un ejército asomaba en el horizonte y comenzaba a avanzar por sobre las colinas. No resultaba claro cuál era este ejército pero no cabían dudas en cuanto a que traía consigo a la muerte. El hombre se levantaba de su silla e iba a su jardín que estaba lleno de delicadas flores de vidrio. Sí, flores de cristal. El hombre quebraba una flor por el tallo escuchando el sonido que producía. En cuanto hacía eso, el ejército se replegaba en las colinas y desaparecía más allá del horizonte por el cual había venido. Esta escena se repetía una y otra vez.

Eventualmente, en el jardín sólo quedó un puñado de flores. Como eran flores de vidrio, éstas no se reproducían. El hombre comprendió con nostalgia que solamente podría hacer retroceder al ejército unas pocas veces más. Después ya no habría nada que detuviera su avance y la muerte le devoraría a él y a su mundo.

—Qué extraño —exclamó Élan—. Es de suponer que, dados todos los años que viví como revolucionario, en esta historia yo debería identificarme con el ejército. Un ejército que persiste en su misión a pesar de sufrir revés tras revés pues sabe que la victoria está al alcance de la mano. Sin embargo, yo me siento identificado con el hombre aun cuando resulta claro que se trataba de un privilegiado. El mundo que él amaba estaba llegando a su fin y no tenía el poder para impedirlo. La misma impotencia que yo siento ahora.

Sobrevino un largo silencio durante el cual Élan mantuvo sus ojos cerrados.

—Supongo que tanto él como yo fuimos afortunados —dijo al abrir los ojos nuevamente y mirarme—. Tuvimos nuestro mundo por el tiempo en que lo tuvimos. No sé de dónde vinieron esas flores de cristal, la historia nunca lo explica, pero pareciera que yo también he tenido algunas de ellas en mi vida. Es un honor haber vivido un siglo y haber visto a tantos hombres y mujeres valientes e imperfectos tratando de hacer posible un mundo más perfecto. Hice un poco para ayudar. Eso es todo lo que podemos demandar de nosotros mismos. Hacer un poco.

Entró en silencioso otra vez. Entonces, justo cuando pensé que se había quedado dormido, me miro nuevamente y dijo:

—Aprendí algunas pocas cosas. Sólo quiero compartirlas —luego se durmió.

Durmió la mayor parte del tiempo durante las noventa y seis horas siguientes. Había dejado de alimentarse y sólo pedía que se le humedecieran los labios de tanto en tanto.

—Termine el libro como mejor pueda —dijo con voz ronca en una de las últimas veces que despertó.

—Harper's Ferry —me ordenó—. Déjeme allí.

Me correspondió a mí llevar a cabo su último deseo. No había parientes. Todos sus contemporáneos ya habían muerto. Una pareja de izquierdistas de cincuenta y sesenta años, miembros de los movimientos pacifistas y por los derechos humanos que aún se identificaban con los revolucionarios, me acompañó en el ritual. Sentí que era necesario hacerlo mientras conducía hacia Harper's Ferry, en Virginia Occidental, llevando una sencilla urna. Élan siempre pensó que el mayor acto revolucionario en la tierra en la cual había pasado sus últimos años, fue el infructuoso ataque realizado por el abolicionista John Brown sobre el arsenal de Harper's Ferry. Al igual que muchos otros revolucionarios, aparentemente Brown había fracasado. Le ahorcaron por aquella acción y por su plan de liderar a los esclavos en un levantamiento armado. ¿Pero fracasó realmente? Desde la retrospectiva visión de la historia, la respuesta es que no.

Cada uno a nuestro turno, esparcimos las cenizas de Élan por encima de los empinados riscos y observamos como una ligera brisa las transportaba a través del río que corría más abajo. Deshojé los pétalos de una flor roja y los arrojé al viento junto con las cenizas. Los pétalos siguieron a la brisa y marcaron el sitio en el río donde cayeron las cenizas. Mientras pudimos distinguir los pétalos, nos quedamos mirando como el río llevaba las cenizas rumbo al mar.

Aprendí de Élan que uno solamente fracasa si no vive de un modo que demuestre un profundo respeto por la vida. Recuerdo que la última vez que Élan me habló en realidad se dirigió a usted.

—Dígales que les amo —fueron sus últimas palabras.

Principios

De los pensamientos de Élan surgen los siguientes principios:

1. Privilegie el cambio por encima de la acumulación de poder.

2. Aplique la fuerza necesaria para el cambio, ni más ni menos.

3. Al procurar mejorar a vida de todos, respete la vida de cada uno.

4. Respete a los camaradas que disienten con usted; aun en el disenso, ellos siguen siendo sus camaradas.

5. Aprenda a mejorar el modo de hacer las cosas; admita errores y mantenga su condición de ser humano imperfecto.

6. Usted no es la revolución.

7. Usted es el modelo de la revolución; viva de acuerdo a ello.

8. No se obstine en que otros se comporten como el modelo.

9. La revolución será imperfecta.

10. La imperfección es mejor que la tiranía.

11. No se convierta en tirano a nombre de la perfección.

12. La revolución cambiará. Acéptelo.

13. La revolución reside en el sentir del pueblo.

14. Los sentimientos cambian con el tiempo. Sea paciente. Persista.

15. La revolución favorece los intereses legítimos de todos los ciudadanos.

16. La revolución se opone a los intereses ilegítimos pero no a las personas que los sostienen.

17. En el momento oportuno, convierta el estado revolucionario en instituciones y culturas que sustenten sus logros.

18. El legado de la revolución se concreta al institucionalizar las aspiraciones legítimas por las que se ha luchado.

19. Solo usted puede arruinar su legado.

20. El legado de los líderes que usan el poder sabiamente son los hilos que tejen un futuro de justicia.

Reflexión final

¿Fue Élan un ser real, es la fusión de varios personajes históricos o se trata de la idealización de un revolucionario?

Dejo a usted decidir la respuesta.